Peter L. Berger / Anton C. Zijderveld

Lob des Zweifels

Peter L. Berger/Anton C. Zijderveld

Lob des Zweifels

Was ein überzeugender Glaube braucht

Aus dem Amerikanischen
von Bernardin Schellenberger

KREUZ

© KREUZ VERLAG
in der Verlag Herder GmbH, Freiburg im Breisgau 2010
Alle Rechte vorbehalten
www.kreuz-verlag.de

Deutsche Erstausgabe
Titel der Originalausgabe: In Praise of Doubt. Harper One.
© 2009 by Peter Berger and Anton Zijderveld

Satz: de·te·pe, Aalen
Druck und Bindung: fgb · freiburger graphische betriebe
www.fgb.de

Gedruckt auf umweltfreundlichem, chlorfrei gebleichtem Papier
Printed in Germany

ISBN 978-3-7831-3461-2

Inhalt

Danksagung

Die Idee zu diesem Buch ergab sich aus einem Projekt des »Institute on Culture, Religion and World Affairs« der Universität Boston unter der Leitung von Peter Berger. Das Projekt trug den Titel »Zwischen Relativismus und Fundamentalismus«. Dabei erarbeitete eine internationale Arbeitsgruppe von amerikanischen und europäischen Religionswissenschaftlern von verschiedenen Standpunkten christlicher und jüdischer Traditionen her eine »mittlere Position« zum Relativismus und Fundamentalismus; ihre Beiträge werden eigens veröffentlicht. Bei diesem Projekt beschäftigte man sich zwar nur mit den *religiösen* Aspekten des Zwiespalts zwischen Relativismus und Fundamentalismus, aber die Teilnehmenden merkten rasch, dass dabei auch ganz wichtige moralische und politische Fragen ins Spiel kamen. Deutlich zeigte sich für alle Beteiligten vor allem Folgendes: Der religiöse Glaube kann ganz gut mit dem Zweifel leben – das heißt, man kann auch ohne absolute Gewissheit glauben. *Moralische* Urteile fällen die Menschen aber mit einem hohen Grad von Gewissheit, und diese Urteile haben oft auch politische Konsequenzen. Damit stellte sich die Frage: Wie kommt es, dass religiöse Ungewissheit mit moralischer Gewissheit einhergehen kann? Diese Frage ging über das Arbeitsprogramm des genannten Projekts hinaus, und so kam Peter Berger zu dem Entschluss, ein Buch zu schreiben, in dem er sowohl den religiösen als auch den moralisch/politischen Aspekt einer »mittleren Position« erörtern wollte. Er bat Anton Zijderveld – dieser war kein Mitglied der Arbeitsgruppe gewesen –, sich daran als Mitautor zu beteiligen, da er über größere philosophische Kompetenz verfügt als er selbst. (Zijderveld ist Soziologe und Philosoph.) Die Zusammenarbeit, bei der sie jedes Kapitel gemeinsam erstellten, war genauso produktiv wie angenehm.

7

Die Autoren möchten sich ganz herzlich bei David Kiersznowski bedanken, der das ursprüngliche Projekt großzügig finanzierte und es zudem ermöglichte, dass die beiden Autoren sich persönlich treffen und das Buch gemeinsam ausarbeiten konnten, einmal in Amsterdam und einmal in Boston.

Denn wenn wir die Zweifel nicht hätten,
Wo wäre denn frohe Gewissheit?
Johann Wolfgang von Goethe

1 Die vielen Götter der Moderne

Kurz vor Anbruch des 20. Jahrhunderts rief Friedrich Nietzsche im Pathos leidenschaftlicher Überzeugung den Tod Gottes aus. Heute, wenig mehr als hundert Jahre danach, kommt uns diese Prophezeiung kaum noch plausibel vor. Ob Gott in der kosmischen Realität nun wirklich existiert oder nicht, ist eine andere Frage. Diese Frage lässt sich seitens der empirischen Wissenschaften nicht beantworten: Gott kann nicht Gegenstand eines Experiments sein. Aber in der empirisch fassbaren Realität des Lebens der heutigen Menschen gibt es geradezu eine Fülle von Göttern, die im Wettstreit um die Aufmerksamkeit und Anhänglichkeit der Menschen liegen. Nietzsche dachte, er stehe am Anfang eines Zeitalters des Atheismus. Derzeit scheint es eher so, als zeichne sich das 21. Jahrhundert stattdessen durch seinen Polytheismus aus. Es scheint, als seien die vielen Götter der Antike wiedergekehrt, um sich für ihr langes Vernachlässigtwerden zu rächen.

Die radikaleren Denker der Aufklärung, speziell jene in Frankreich, hatten den Niedergang der Religion geradezu freudig erwartet. Sie hatten die Religion als eine einzige große Illusion angesehen, die nicht nur eine Vielzahl von abergläubischen Vorstellungen, sondern auch die abscheulichsten Grausamkeiten in die Welt gebracht habe. Diese Ansicht hatten die auf das protestantische Schisma folgenden Religionskriege in Europa recht deutlich bestätigt. So richtete sich Voltaires Ruf »Rottet die Verruchte aus!« nicht nur gegen die katholische Kirche – die seiner Erfahrung nach die Mutter aller Abscheulichkeiten war –, sondern ganz allgemein gegen die Religion. Auch die Protestanten machten noch lange damit weiter, nach dem Beispiel ihrer katholischen Gegner Häretiker hinzurichten und Hexen zu verbrennen. Und außerhalb der gespaltenen Christenheit waren auch keine anziehenderen religiösen Traditionen zu finden.

Das Instrument, mit dem man die Religion vernichten wollte, war natürlich die Vernunft. Im kühlen Licht der Vernunft – so war man überzeugt – würden die Illusionen der Religion verdunsten. Diese Erwartung fand ihr dramatisches Symbol, als die französischen Revolutionäre in der Kirche der Madeleine in Paris die Göttin der Vernunft inthronisierten. Der diesbezügliche Glaube der Aufklärung lebte über die Französische Revolution hinaus fort, ja in verschiedenen Versionen besteht er bis heute. Im 19. Jahrhundert baute dieser Glauben vor allem auf die Naturwissenschaften. Man war der Überzeugung, dass man mit dem Verstand eine irrtumsfreie Methodologie zum Verstehen der Welt finden und schließlich in der Lage sein würde, eine moralisch höherstehende Sozialordnung zu schaffen. Anders gesagt: Aus der Philosophie der Aufklärung war die empirische Wissenschaft geworden. Der Prophet *dieser* Mutation war Auguste Comte, dessen Ideologie des Positivismus auf die fortschrittliche *intelligentsia* Europas und weit darüber hinaus einen ungeheuren Einfluss hatte (namentlich auch in Lateinamerika; die Flagge von Brasilien trägt heute noch als Inschrift das Comtesche Motto »Ordnung und Fortschritt«). Es war nicht ganz zufällig, dass es auch Comte war, der die neue Wissenschaft der Soziologie erfand.

Als sich diese Wissenschaft entwickelte, verlor sie immer mehr die Gestalt dessen, was Comte sich darunter vorgestellt hatte. Sie verstand sich zunehmend nicht mehr als ein philosophisches System, sondern als eine auf empirischen Beweisen beruhende und der empirischen Falsifizierung unterworfene Wissenschaft. Drei Denker werden gewöhnlich als die Begründer der modernen Soziologie angesehen: Karl Marx, Émile Durkheim und Max Weber. Zwischen diesen dreien gab es große Unterschiede. Aber was die Religion anging, waren alle, wenn auch aus jeweils eigenen Gründen, der Überzeugung, dass die Moderne ihren anhaltenden Niedergang herbeiführen würde. Marx und Durkheim begrüßten beide als Kinder der Aufklärung diese angebliche Entwicklung. Weber dagegen betrachtete sie mit wehmütiger Resignation.

In der Religionssoziologie, wie sie sich im 20. Jahrhundert entwickelte, wurde dieser innere Zusammenhang von Moderne und Niedergang der Religion als »Säkularisationstheorie« bekannt. Diese Theorie besagte, die Moderne werde sowohl infolge der Ausbreitung der wissenschaftlichen Kenntnis als auch deshalb, weil die modernen Institutionen die sozialen Grundlagen des religiösen Glaubens untergraben würden, unvermeidlich zur Säkularisation führen (verstanden als progressiver Schwund der Religion in der Gesellschaft und in den Köpfen der Einzelnen). Betont sei, dass diese Theorie »wertfrei« war (um einen Begriff von Weber zu gebrauchen). Das heißt, sie konnte sowohl von denen vertreten werden, die sie begrüßten, als auch von denen, die sie bedauerten. So gab es zahlreiche christliche Theologen des 20. Jahrhunderts, die über diesen angeblichen Prozess der Säkularisierung alles andere als glücklich waren, ihn aber als wissenschaftlich gesichertes Faktum nahmen, mit dem sowohl die Kirchen als auch die einzelnen Gläubigen versuchen mussten zurechtzukommen. Einige wenige Theologen fanden sogar Wege, den Prozess regelrecht zu begrüßen (wie etwa die Vertreter der kurz in Mode gekommenen »Gott-ist-tot-Theologie« in den 1960er Jahren – ein klarer Fall von »Mensch beißt Hund«).

In welchem Stadium befindet sich derzeit die Säkularisierung in der Welt?

Fairerweise muss man sagen, dass sich die Säkularisationstheorie angesichts der Ereignisse im Lauf der Jahrzehnte seit dem Zweiten Weltkrieg als massiv falsch erwiesen hat (weshalb natürlich die meisten Religionssoziologen – mit Ausnahme weniger Verweigerer – von dieser Theorie abgekommen sind). Beim Blick auf die Welt von heute fällt nicht die Säkularisierung ins Auge, sondern eine explosionsartige Vermehrung leidenschaftlicher religiöser Bewegungen. Aus offensichtlichen Gründen wurde die meiste Aufmerksamkeit dem Wiedererstarken des Islams gewidmet. Aber die militanten Befürworter des Heiligen Krieges, die diese Aufmerksamkeit erregen, sind nur eine kleine (wenn auch besorgniserregende) Komponente eines viel umfassenderen Phänomens. Quer durch die weite muslimische Welt, von Nordafrika bis Südostasien und auch in der muslimischen Diaspora im Westen, sehen Millionen von Menschen im Islam die Religion, die ihrem Leben Sinn und Richtung gibt. Und dieses Phänomen hat zum Großteil wenig mit Politik zu tun.

Eine vermutlich noch spektakulärere Entwicklung stellt die globale Expansion des evangelikalen Protestantismus dar, vor allem in seiner pfingstlerischen Version. 1906 war es in Los Angeles zu einer folgenreichen Erweckung, dem sogenannten »Azusa Street Revival« gekommen. Ausgelöst hatte sie ein charismatischer schwarzer Prediger, dank dessen feuriger Predigten sich rasch eine Gemeinde aus allen Rassen bildete. Bald begannen Mitglieder mit dem »Zungenreden« (dem Unterscheidungsmerkmal des »Pentekostalismus«, also der »Pfingstler«). Als Missionare von Azusa aus in die USA und ins Ausland ausschwärmten, entstanden aus dem Pentekostalismus bald eine ganze Reihe ständig wachsender amerikanischer Denominationen. Aber zur dramatischsten Verbreitung des globalen Pentekostalismus kam es nach dem Zweiten Weltkrieg, und zwar in Lateinamerika, in Afrika und in verschiedenen Teilen Asiens. Man schätzt, dass es heute weltweit 400 Millionen Pfingstler gibt. Das ist gewiss das schnellste Wachstum, das je eine religiöse Bewegung in der Geschichte erlebt hat. Zum Anwachsen der Pfingstkirchen im eigentlichen Sinn kommt ferner noch das hinzu, was man als »Pentekostalisierung« (als »Pfingstbewegung«) bezeichnet, womit gemeint ist, dass auch in Kreisen verschiedener protestantischer und sogar katholischer Kirchen in bemerkenswertem Maß das charismatische »Zungenreden«, das Heilen und andere »Geistesgaben« Eingang gefunden haben. Zudem ist der Pentekostalismus nicht die einzige Form des evangelikalen Protestantismus, die sich global verbreitet hat. Schätzungen zufolge gibt es heute rund 100 000 evangelikale Missionare, die weltweit aktiv sind – viele davon kommen aus den USA, einige aber auch aus Lateinamerika, Afrika, Südkorea und anderswo in der Welt. Es gibt außerdem die losere Kategorie des »popular protestantism«: das sind Gruppen, die im Allgemeinen nicht als Protestanten angesehen werden, deren religiöse und soziale Züge aber protestantisch anmuten. Die erfolgreichste von ihnen sind die Mormonen, deren Zahl ebenfalls in vielen Entwicklungsländern rund um die Welt rapide gewachsen ist.

Die katholische Kirche als die wohl älteste globale Institution steckt zwar in ihrer Heimat Europa in einer schweren Krise, erfreut sich aber in anderen Teilen der Welt robuster Gesundheit. Das Gleiche gilt für einige der aus der Reformation hervorgegangenen Kirchen wie die anglikanische Gemeinschaft, die in England bedenklich an Einfluss verloren hat, aber in Afrika recht gut dasteht. Auch die östliche christliche Orthodoxie erlebt nach jahrzehntelanger Verfolgung durch die kommunistischen Regimes eine echte Wiederbelebung, und zwar in Russland.

Dasselbe kann man im Grunde genommen von jeder größeren religiösen Tradition sagen. Das orthodoxe Judentum hat in den USA und in Israel zugenommen. Es ist zu einer Erneuerung des Hinduismus gekommen, dessen Vertreter das säkulare Selbstverständnis des indischen Staats in Frage stellen. Es gibt auch starke buddhistische Erneuerungsbewegungen, von denen manche in westlichen Ländern aktive Missionsarbeit betreiben. In Japan ist eine Anzahl starker religiöser Bewegungen entstanden, von denen manche Kombinationen aus Buddhismus, Christentum und Schintoismus anbieten. In China und in der chinesischen Diaspora hat man den Konfuzianismus wiederentdeckt, sowohl als religiöses als auch als ethisches System.

In diesem Bild einer rasant religiös werdenden Welt gibt es zwei Ausnahmen. Die eine lässt sich geografisch umschreiben: Das sind der Westen und Zentraleuropa als ein wichtiger Teil der Welt, in dem die Säkularisierungstheorie immer noch plausibel erscheint. Die andere ist soziologisch definierbar: Sie umfasst eine dünne, aber sehr einflussreiche Schicht von Intellektuellen, die tatsächlich einen globalen Säkularismus repräsentiert. Die Gründe für diese Ausnahmen lassen sich hier nicht weiter verfolgen. Aber um leichtfertigen Verallgemeinerungen vorzubeugen, müssen wir betonen, dass beide Fälle ziemlich kompliziert sind. Während nämlich in Westeuropa sowohl bei Katholiken als auch bei Protestanten ein starker Rückgang der kirchlich sozialisierten religiösen Aktivität zu verzeichnen ist, sind außerhalb der Kirchen alle möglichen Formen derselben zu beobachten, von verschiedenen Arten der New-Age-Spiritualität bis hin zu charismatischen Bewegungen. Zudem hat die neue Präsenz des Islams, der im Frühmittelalter bereits einmal mehrere Jahrhunderte in Europa gegenwärtig war, die Diskussion über die jüdisch-christlichen Wurzeln der vielgepriesenen »europäischen Werte« neu in Gang gebracht. Und was die säkulare *intelligentsia* angeht, gab es auch ausgerechnet in dieser Schicht kräftige religiöse Erneuerungen, vor allem in der nichtwestlichen Welt. So kommt es oft vor, dass die Kinder höchst säkularisierter Intellektueller schließlich zu Anhängern dieser oder jener militanten religiösen Bewegung werden.

Zusammengefasst heißt das: Die Behauptung, dass die Moderne notwendigerweise zum Niedergang der Religion führe, ist alles andere als plausibel. Manche späten Nachfahren der radikalen Aufklärung (von ihnen gibt es einige) mögen das Gefühl haben, es müsse so sein. Aber so ist es nun einmal nicht. Wenn die Moderne also nicht unvermeidlich zur Säkularisierung führt (außer in Schweden und im Fakultätsclub der Universität Delhi), wozu führt sie dann auf dem Gebiet der Glaubensvorstellungen und Werte? Die Antwort ist unserer Überzeugung nach klar: *Sie führt in die Pluralität.*

Was ist Pluralität, und was bedeutet sie für die Einzelnen und die Gesellschaft?

Unter »Pluralität« verstehen wir eine Situation, in der ethnische, religiöse oder sonstige Menschengruppen in bürgerlichem Frieden und in sozialer Interaktion miteinander leben. Den zu einer solchen Situation führenden Prozess möchten wir als »Pluralisierung« bezeichnen. Unsere These hier können wir damit knapp so formulieren: *Die Moderne pluralisiert.*

Diese Definition ist zwar simpel, aber die empirischen, praktischen Umstände, die sie bezeichnet, sind höchst komplex. Bevor wir das weiter zu entfalten versuchen, noch ein Wort zur Terminologie: Die Situation, die wir »Pluralität« genannt haben, wird üblicherweise eher als »Pluralismus« bezeichnet. Diesen Begriff möchten wir meiden, weil die Nachsilbe »-ismus« eher eine Ideologie unterstellt als (was wir hier erörtern wollen) eine empirisch fassbare soziale Realität. Tatsächlich tauchte der Begriff zunächst als Ideologie auf. Soweit wir wissen, wurde er in den 1920er Jahren vom amerikanischen Erzieher Horace Kallen geprägt, der damit die Vielfalt der amerikanischen Gesellschaft rühmen wollte. Am besten stellen Sie sich die Unterscheidung zwischen Pluralität und Pluralismus so vor: Während mit »Pluralität« eine soziale Realität gemeint ist (eine Realität, die man begrüßen oder bedauern kann), ist »Pluralismus« die Einstellung, die diese Realität *begrüßt* und aus der man letzten Endes eine voll entwickelte Philosophie gemacht hat. Diese terminologische Klarstellung hilft, unsere These von derjenigen abzusetzen, die wir oben verworfen haben: dass die Moderne säkularisiere. Auch hier sind »Säkularität« und der Prozess der »Säkularisierung«, der zu dieser führt, Begriffe, die sich auf empirisch erforschbare und (in diesem Fall) falsifizierbare soziale Realitäten beziehen, die man – genau wie die Pluralität – begrüßen oder bedauern kann. Es gibt eine lange, treffend als »Säkularismus« bezeichnete Tradition, die die Säkularisierung in einem Maß begrüßt, dass ihre Glaubensvertreter sicher waren, sie habe stattgefunden, und sich der Hoffnung hingaben, sie würde und sollte in Zukunft ganz siegen. Wir werden im Lauf unserer Darlegungen Gelegenheit haben, noch einmal auf den Säkularismus zu sprechen zu kommen.

Jedoch zurück zur Definition von »Pluralität«. Die Grundtatsache ist hier die Verschiedenheit der Gruppen, die eine Gesellschaft bilden. Aber unsere Definition enthält zwei weitere Elemente: den bürgerlichen Frieden und die soziale Interaktion. Diese sind ganz wichtig. Es ist natürlich auch Verschiedenheit ohne bürgerlichen Frieden möglich: Dann liegen die verschiedenen Gruppen in gewalttätigem Konflikt miteinander, was möglicherweise schließlich dazu führt, dass eine Gruppe die andere unterdrückt, versklavt oder sogar ausrottet. In diesem Fall macht es wenig Sinn, von Pluralität zu sprechen. Im anderen Fall könnten die verschiedenen Gruppen Seite an Seite leben, ohne in Interaktion miteinander zu treten: also, wenn man so will, friedlich nebeneinander bestehen, ohne miteinander zu sprechen. Auch dabei würde sich nicht die besondere pluralisierende Dynamik entfalten, um die es uns hier gehen soll. Ein Beispiel für den ersteren Fall wäre der amerikanische Süden vor dem Bürgerkrieg, in dem Schwarze und Weiße als Sklaven und Sklavenbesitzer koexistierten. Ein Beispiel für den letzteren Fall wäre die traditionelle hinduistische Gesellschaft, die in Kasten organisiert ist, welche die soziale Interaktion miteinander strikt meiden (indem sie Tisch- und Bettgemeinschaft strikt verbieten und es untersagen, mit Gruppenfremden gemeinsam zu essen oder solche zu heiraten. Diese Verbote sind für die Unterbindung der Interaktion sehr effizient).

Die Gründe dafür, dass die Moderne pluralisiert, sind leicht verständlich. Für die längste Zeit der Geschichte lebten die Menschen in Gemeinschaften, die sich durch einen hohen Grad an kognitivem und normativem Konsens auszeichneten. Das heißt: Fast alle teilten die gleichen Überzeugungen darüber, wie die Welt beschaffen sei und wie man sich in ihr verhalten müsse. Natürlich gab es immer Randtypen, also solche, die diese für selbstverständlich gehaltenen Annahmen in Frage stellten, etwa Persönlichkeiten wie Sokrates. Aber solche Individuen waren selten. Mit anderen Worten: Es kam selten zu Gesprächen zwischen irgendwelchen unterschiedlichen Gruppen. Die Mauern der sozialen Segregation waren sehr hoch.

Die Moderne mit ihrer zunehmenden Geschwindigkeit und Reichweite schwächt diese Mauern. Das Ergebnis ist, dass ein ständig wachsender Anteil der Bevölkerung in Städten lebt, von denen viele riesig sind – und Städte waren immer Orte, an denen es alltäglich ist, dass unterschiedliche Gruppen ständig in enger Berührung miteinander leben. Mit dieser weltweiten Urbanisierung geht die Verbreitung einer »Urbanität«, einer städtischen Mentalität, einher – und damit einer Stadt- und städtischen Kultur, die von der Pluralität lebt und diese wiederum fördert. Hinzu kommt, dass massive Bewegungen von Menschen über weit entfernte Regionen hinweg im Gang sind, die wiederum sehr unterschiedliche Gruppen in engen Kontakt miteinander bringen. Die Massenbildung bedeutet, dass sich immer mehr Menschen dessen bewusst werden, wie viele unterschiedliche Ideen, Wertvorstellungen und Lebensweisen es gibt. Und nicht zuletzt steigerten die modernen Massenkommunikationsmittel – Film, Rundfunk, Fernsehen, Telefon und jetzt die Informationsexplosion durch die Computerrevolution – die Fähigkeit der Menschen, für alternative Zugänge zur Wirklichkeit offen zu sein.gewaltig. Das Ergebnis all dieser Prozesse – die zum Wesen der Moderne gehören – ist, dass die Pluralität einen in der Geschichte einmaligen Grad erreicht hat.

Natürlich gab es auch in der Vergangenheit schon plurale Situationen. Über Jahrhunderte hinweg erfreuten sich die Städte entlang der Seidenstraße in Zentralasien einer echten Pluralität, vor allem in der Art, wie verschiedene religiöse Traditionen in Interaktion miteinander traten und einander gegenseitig beeinflussten: Christentum, Manichäismus, Zoroastrismus, Buddhismus und Konfuzianismus. Für längere oder kürzere Zeiträume herrschten ähnliche plurale Verhältnisse auch in Indien zur Zeit der Mogulen, im hohenstaufischen Sizilien und im muslimischen Andalusien (wo der Begriff der *convivencia* eine frühe Ausdrucksform der pluralistischen Ideologie war). Am bedeutendsten für die Geschichte der abendländischen Zivilisation ist, dass das späthellenistisch-römische Zeitalter bemerkenswerte Ähnlichkeiten mit der heutigen Pluralität aufweist – nicht zuletzt, was die religiöse Vielfalt angeht. Es ist kein Zufall, dass das Christentum seine Anfänge als Weltreligion in diesem ganz besonderen Milieu nahm. Aber alle diese vormodernen Erscheinungen von Pluralität waren in ihrer Reichweite ziemlich begrenzt. Man denke etwa an die Stadt Alexandria im Zeitalter des Hellenismus, die damals über eine vermutlich genauso plurale Gesellschaft verfügte, wie man sie heute überall finden kann (und das sogar ohne all die Computer und Mobiltelefone). Aber wenn man mit dem Boot auch nur ein kurzes Stück den Nil hinauffuhr, kam man in Dörfer, die kulturell genauso homogen waren wie jedes andere Dorf in der langen Geschichte Ägyptens. Zuweilen lebten dort womöglich sogar etliche Menschen, die gar nicht wussten, dass sie zum römischen Reich gehörten, oder die noch nie etwas von Alexandria gehört hatten. Selbst die ehrgeizigsten Veranstalter des Öko-Tourismus hätten heute die größten Schwierigkeiten, noch vergleichbare Orte kultureller Homogenität aufzuspüren, und könnten vermutlich keine Fälle vollständiger kultureller

Isolation mehr finden. (Und es braucht eigentlich gar nicht gesagt zu werden, dass für den Fall, sie würden fündig, ihr eigener Vorstoß jener bisherigen Authentizität – mit der sie ihre Klientel hätten anlocken wollen – ein ziemlich rasches Ende bereiten würde.)

Was unter den Bedingungen echter Pluralität vor sich geht, lässt sich in eine Kategorie aus der Wissenssoziologie einordnen: »kognitive Kontamination«. Sie beruht auf einem ganz grundlegenden menschlichen Zug: Wenn Menschen einige Zeit Umgang miteinander haben, beginnen sie, gegenseitig ihr Denken zu beeinflussen. Wenn eine derartige »Kontamination« stattfindet, finden es die Menschen zunehmend schwieriger, die Glaubens- und Wertvorstellungen der anderen rundweg als pervers, krank oder böse zu bezeichnen. Langsam aber sicher schleicht sich der Gedanke ein, dass diese Menschen vielleicht auch etwas Richtiges sehen. Mit dieser Überlegung kommt die bislang für ganz selbstverständlich gehaltene Sicht der Wirklichkeit ins Wanken. Aus der Sozialpsychologie gibt es reichlich Belege dafür, dass dieser Prozess der wechselseitigen Kontamination zwischen Individuen stattfindet – sogar in experimentellen Situationen wie denjenigen, die als Erstes Psychologen wie Kurt Lewin oder Milton Rokeach untersucht haben. Lewin prägte den Begriff »Gruppennorm« für den Konsens, auf den jeder Prozess der »Gruppendynamik« hinauszulaufen neigt. Und Rokeach zeigte ein besonders eigenartiges Beispiel dafür in seiner klassischen Studie *The Three Christs of Ypsilanti*. Ypsilanti gehört dabei nicht in den griechischen Unabhängigkeitskrieg, sondern ist vielmehr eine psychiatrische Klinik in Michigan. In ihr gab es drei Patienten, von denen sich jeder für Jesus Christus hielt. Einer von ihnen war in seiner psychotischen Isolation so weit gekommen, dass er sich von den beiden anderen nicht mehr beeinflussen ließ. Aber Rokeach beschreibt in faszinierenden Details, wie die beiden anderen, die nur um weniges geringer psychotisch waren, mit dem Anspruch des jeweils anderen,

Christus zu sein, zurechtkamen. Sie konstruierten tatsächlich eine Art »ökumenische« Theologie, um beide mit diesen Ansprüchen leben zu können.

Die auf individueller Ebene stattfindende wechselseitige Kontamination ereignet sich auch zwischen Kollektiven. In der Religionsgeschichte sind diese kollektiven Prozesse kognitiver Kontamination als »Synkretismus« bekannt. Ein klassischer Fall ist die Übernahme des griechischen Pantheons durch die Römer, wobei aus Zeus Jupiter wurde, aus Aphrodite Venus usw. Dabei werden die religiösen Vorstellungen (sowie auch die anderen kognitiven und normativen Kategorien) aus der einen Weltanschauung in die andere »übersetzt«. Bei diesem Übersetzungsprozess bleiben sie offensichtlich nicht unverändert.

Im Lauf der letzten Jahrhunderte hat die Modernisierung zusätzlich dazu, dass sie eine explosionsartige kognitive Kontamination eingeleitet hat, die Wissenschaft und Technologie in die Lage versetzt, die Lebensbedingungen der Menschen von Grund auf zu verändern. Das stellte eine umfassende Transformation dar, die jeden Aspekt der menschlichen Gesellschaft erfasste; und sie lässt sich auf viele unterschiedliche Weisen beschreiben und analysieren. Aber für unsere Zwecke hier möchten wir uns auf einen Aspekt dieser Transformation konzentrieren, nämlich die gigantische Verlagerung *vom Schicksal zur Wahl.*

Wie wirkt sich die Verlagerung vom Schicksal zur Wahl in der Moderne aus?

Diese Verlagerung wird deutlich sichtbar im Kern dieses Prozesses, nämlich in der technologischen Komponente. Stellen Sie sich eine jungsteinzeitliche Gemeinschaft mit einer besonderen, praktischen Problemstellung vor – sagen wir, wie sie Feuer machen soll, um die Höhle zu heizen und Büffelfleisch zu kochen, das Hauptnahrungsmittel der Gemeinschaft. Stellen Sie sich sodann die vielen Jahrhunderte vor, in denen diese Gemeinschaft zwei Steine aneinanderschlug, um den nötigen Zündfunken herzustellen. Diese Methode war die einzig bekannte. Eine moderne Gemeinschaft hat offensichtlich ein viel breiteres Spektrum von Wahlmöglichkeiten aus unterschiedlichsten Quellen, um Feuer zu entzünden und Energie zu gewinnen – also ganz unterschiedliche *Werkzeuge* –, von den vielfältigen Formen von Nahrungsmitteln ganz zu schweigen. Ja, eine heutige Gemeinschaft hat nicht nur die Wahl zwischen unterschiedlichen Werkzeugen, sondern sogar zwischen unterschiedlichen technologischen Systemen.

Diese Ausdehnung des Bereichs der Wahlmöglichkeiten betrifft nicht nur die materiellen Aspekte des menschlichen Lebens, sondern auch dessen kognitive und normative Dimensionen, also das, worauf sich hier unser Interesse konzentriert. Wir können von einer grundsätzlichen Frage ausgehen, etwa: Was sind Männer und was sind Frauen? In der gerade genannten jungsteinzeitlichen Gemeinschaft gab es zu diesem Thema kaum eine Wahl: Es bestand ein klarer und bindender Konsens über die Natur der beiden Geschlechter und über die Normen, die sich aus dieser Natur, über die man sich allgemein einig war, ergaben. Die Modernisierung hat das Spektrum von Wahlmöglichkeiten in diesem Lebensbereich enorm erweitert. Im Regelfall kann das heutige Individuum frei wählen, wen es heiraten möchte, wie und wo es nach der Heirat seinen Haushalt einrichten möchte, in welchem Beruf es sich ausbilden lassen will, um den Haushalt ganz oder mit zu finanzieren, wie viele Kinder es möchte, und nicht zuletzt, wie es diese Kinder erziehen möchte. Auch hier gibt es wieder ganze Systeme, aus denen man auswählen kann: Systeme ehelicher Beziehungen, Ausbildungssysteme usw. Zudem kann das moderne Individuum sich seine spezifische persönliche Identität auswählen, also etwa traditionell oder progressiv sein, eine durchschnittliche Ehe führen oder mit einem gleichgeschlechtlichen Partner zusammenleben, sehr streng oder sehr tolerant sein. In einem Großteil der entwickelten Welt *wählt* der Mensch sich heute seine Identität, ist eine Art Projekt seiner selbst, oft sein Leben lang.

Es stellt sich heraus, dass dies für viele Menschen ein schwieriges Unterfangen ist. Um Suchenden zu helfen, sich zu entschließen, wer sie sein möchten, ist ein riesiger Markt der Lebensstile und Identitäten entstanden; jede Spielart wird aktiv von Befürwortern und Anbietern (was zwei einander überlappende Kategorien sind) beworben. Da schreibt ein Mann Mitte siebzig seinem Sohn, um ihm mitzuteilen, er heirate zum fünften Mal, und fügt im Spaß an: »Endlich bin ich dahintergekommen, wer ich bin« (und man kann mit Sicherheit davon ausgehen, dass er einen Therapeuten oder eine Selbsthilfegruppe findet, der bzw. die ihm diese Behauptung bestätigen wird). Oder: Eine junge Frau mit armenischem Namen, aber keinerlei Verbindungen mit Armeniern, die in Amerika geboren ist und ausschließlich Englisch spricht, antwortet auf die Frage, warum sie einen Armenisch-Kurs belege: »Weil ich herausfinden möchte, wer ich bin« (und es besteht kein Zweifel, dass sie eine armenische Kirchen- oder Gemeindeorganisation finden wird, die sie mit ihrer neu gefundenen Identität willkommen heißen wird). In diesem Kontext stellte Michael Novak in seinem Buch *Unmeltable Ethnics* die verblüffende Behauptung auf, in Amerika sei die ethnische Zugehörigkeit eine Frage der persönlichen Wahl geworden.

Mitte des 20. Jahrhunderts entwickelte der deutsche Sozialphilosoph Arnold Gehlen zur Beschreibung der gerade dargestellten Entwicklung eine Reihe sehr nützlicher Begriffe. Jede menschliche Gesellschaft (vermutlich einschließlich der jungsteinzeitlichen) lässt ihren Mitgliedern einige Wahlmöglichkeiten, während andere Wahlmöglichkeiten durch Handlungsmuster im Voraus entschieden sind, die als unstrittig gelten. Den Lebensbereich, in dem es freie Wahlmöglichkeiten gibt, nannte Gehlen den *Vordergrund*, den Bereich der vorweggenommenen Wahlentscheidungen den *Hintergrund*. Beide Bereiche sind anthropologisch notwendig. Eine Gesellschaft, die nur aus Vordergrund bestehen würde, in der also jedes Thema eine Frage der individuellen Wahl wäre, könnte sich nicht lange halten; sie würde ins Chaos zerfallen. Ihre Mitglieder müssten in jeder Begegnung mit ihresgleichen die Grundregeln der Interaktion neu erfinden. Auf dem Gebiet der Begegnung der Geschlechter zum Beispiel wäre es dann so, als würde Adam Eva jeden Tag wieder zum ersten Mal begegnen und müsste sich für jedes Mal aufs Neue die Frage stellen: »Was um alles in der Welt soll ich mit dieser Frau anfangen?« (und natürlich müsste sich Eva umgekehrt genau die gleiche Frage stellen). Das wäre eindeutig eine unerträgliche Situation. Ganz abgesehen von allem anderen käme nie etwas Weiteres zustande: Alle verfügbare Zeit wäre damit belegt, die Regeln des Sich-aufeinander-Einlassens immer wieder neu zu erfinden. Umgekehrt wäre eine Gesellschaft, die nur aus Hintergrund bestünde, überhaupt keine *menschliche* Gesellschaft, sondern ein Kollektiv von Robotern. Eine derartige Situation ist glücklicherweise anthropologisch (und vermutlich auch biologisch) unmöglich.

Der Unterschied zwischen Vordergrund und Hintergrund lässt sich kurz und knapp so beschreiben: Hintergrundverhalten lässt sich ohne viel Nachdenken automatisch ausführen. Das Individuum hält sich dabei einfach an die ihm vorgegebenen Programme. Im Gegensatz dazu erfordert das Vordergrundverhalten ein Nachdenken: Soll ich so vorgehen oder anders? Das Gleichgewicht zwischen Hintergrund und Vordergrund wurde von der Modernisierung gewaltig beeinträchtigt: Die starke Zunahme der Wahlmöglichkeiten führte zu einer entsprechenden Zunahme der Reflexion. Der gegenüber Gehlen nur ein knappes Jahrzehnt jüngere deutsche Soziologe Helmut Schelsky bezeichnete dieses Faktum als den

Zustand der »Dauerreflexion«. Diese Dauerreflexion kann man heute auf der individuellen wie gesellschaftlichen Ebene überall beobachten. Die Einzelnen sehen sich ständig zu der Frage aufgefordert, wer sie sind und wie sie leben sollten. Ein breites Angebot an therapeutischen Einrichtungen steht bereit, um sie bei der Erfüllung dieser ungeheuren Aufgabe zu unterstützen. Auf gesellschaftlicher Ebene stellen das Bildungssystem, die Medien und eine Vielzahl von treffend so bezeichneten »think tanks« (»Denkfabriken«, »Ideenschmieden«) die gleichen Fragen bezüglich der gesamten Gesellschaft: Wer sind wir? Wohin gehen wir? Wohin sollten wir gehen? Man könnte ohne große Übertreibung sagen, dass die Moderne unter einer Übersättigung an Selbstreflexion leidet. Kein Wunder, dass so viele Menschen heute ständig nervös und mit den Nerven am Ende sind.

In Gehlens Wörterbuch heißen die als selbstverständlich angesehenen Handlungsmuster der Gesellschaft »Institutionen«. *Starke* Institutionen funktionieren instinktiv: Die Individuen halten sich automatisch an die institutionellen Muster, ohne anzuhalten und nachzudenken. Genau wie sich eine Gesellschaft ohne Hintergrund im Chaos auflösen würde, könnte auch keine menschliche Gesellschaft ohne (so definierte) Institutionen überleben. Aber das Ausmaß an institutionellen Mustern variiert von Gesellschaft zu Gesellschaft, genau wie es die relative Größe von Vordergrund und Hintergrund tut. Wenn etwas vom Vordergrund in den Hintergrund verlagert wird, können wir von »Institutionalisierung« sprechen, während wir den umgekehrten Prozess »Entinstitutionalisierung« nennen könnten.

Zur Veranschaulichung ein einfaches Beispiel: Ein Mann von heute steht morgens auf und muss eine Reihe von Entscheidungen bezüglich seiner Kleidung treffen: ob er einen Anzug tragen soll oder nicht, eine Krawatte anlegen soll oder nicht usw. Das sind Vordergrundentscheidungen; das diesbezügliche Verhalten wurde entinstitutionalisiert. Mit Ausnahme des Falles, dass er ein völlig ungewöhnliches Individuum wäre oder in einer ganz speziellen Subkultur leben würde, käme diesem Individuum die Möglichkeit, nackt aus dem Haus zu gehen, überhaupt nicht in den Sinn. Folglich steht ihm also zwar ein breites Spektrum von Wahlmöglichkeiten zur Verfügung, *was* er anziehen soll, aber die Forderung, dass er auf jeden Fall *etwas* anziehen muss, gilt immer noch als selbstverständlich, das heißt, sie ist fest institutionalisiert. Jedoch können sich solche Situationen offensichtlich ändern. Nehmen wir dazu ein anschauliches Beispiel aus der Beziehung zwischen den Geschlechtern: Zu einem gewissen Zeitpunkt der europäischen Geschichte gehörten zu den festen Normen höflichen Verhaltens des Mannes gewisse Gesten der Hochachtung gegenüber Frauen, etwa, dass man Frauen an der Tür immer den Vortritt ließ. Das war bestimmt nicht immer so. (Wir können zum Beispiel annehmen, dass unsere oben genannten Vorfahren in der Steinzeit nicht auf diese Idee gekommen sind.) Vielleicht kam das in der höfischen Minnesängerkultur des Hochmittelalters auf. Zu diesem Zeitpunkt – wann auch immer er genau war – entschied sich ein Mann dafür, eine bestimmte Frau vor sich durch die Tür gehen zu lassen, ja vielleicht sogar, dieser die Tür aufzuhalten und diesen Akt mit einer leichten Verbeugung zu begleiten. Nach einiger Zeit wurde dieser Akt in bestimmten Kreisen institutionalisiert. So hätte etwa vor hundert Jahren ein Europäer der Mittelschicht oder ein amerikanischer Mann unwillkürlich immer nach dem Prinzip »Ladies first« gehandelt. Dann kam die feministische Bewegung, und plötzlich wurde dieser ganze Bereich der Höflichkeit zwischen den Geschlechtern entinstitutionalisiert. Man konnte sich nicht mehr gedankenlos an das Motto »Ladies first« halten. Der Mann musste jetzt die betreffende Frau jeweils einschätzen und dann *entscheiden*, wie er sich verhalten sollte: ihr die Tür aufhalten (und vielleicht ein Kompliment für seine Höflichkeit bekommen – oder aber verärgert angeraunzt werden:

»Danke, aber ich bin nicht behindert!«) oder in entschieden egalitärer Manier als Erster durch die Tür gehen (mit genauso unabsehbaren Folgen).

Dies alles ist zunächst harmlose soziologische Grundlagentheorie. Aber das Eigentliche an dieser kurzen Erläuterung ist ungeheuer wichtig: *Die Moderne weitet den Vordergrund gegenüber dem Hintergrund ganz gewaltig aus.* Man kann es auch so sagen: *Die Moderne neigt zum Entinstitutionalisieren.* Bezeichnenderweise nannte Gehlen letzteren Prozess auch »Subjektivierung«. Während bislang das Individuum ohne allzu viel Reflektieren durchs Leben gehen konnte, indem es sich an die institutionellen Programme hielt, wird es heute auf seine eigenen *subjektiven* Ressourcen zurückgeworfen: Was soll ich glauben? Wie sollte ich handeln? Ja, wer bin ich überhaupt? Um es den Menschen leichter zu machen, mit all diesen Fragen zurechtzukommen, sind, wie bereits vorhin gesagt, neue Institutionen entstanden, die Individuen ganze Gesamtpakete von Glaubensvorstellungen, Normen und Identitäten anbieten. Gehlen nannte sie »sekundäre Institutionen«. Sie entlasten den Einzelnen tatsächlich von der Qual zu vieler Wahlentscheidungen, indem sie ihm ein bestimmtes Maß an unreflektiertem Verhalten gestatten, sind aber von Natur aus schwächer als die vormodernen Institutionen. Weil diese sekundären Institutionen grundsätzlich ebenfalls *gewählt* sind, also nicht vorgegeben oder als selbstverständlich angesehen werden, bleibt im Kopf des Einzelnen die Erinnerung an diese Wahl erhalten – und mit ihr das – wenn auch nur schwache – Bewusstsein, dass diese Wahl auch wieder revidiert und durch eine andere Wahl ersetzt werden könnte. Jean-Paul Sartre vertrat die Ansicht, dass der Mensch »zur Freiheit verdammt« sei. Als generelle anthropologische Aussage ist das ziemlich fragwürdig. Aber als Beschreibung des *modernen* Menschseins trifft es bemerkenswert gut zu.

Wie wirkt sich die Pluralität auf die Religion aus, sowohl individuell als auch kollektiv?

Zurück zur Religion. In der amerikanischen Sprache wird zur Beschreibung der religiösen Zugehörigkeit des Einzelnen ein vielsagender Begriff verwendet: »religiöse Präferenz«. Er entstammt der Welt des Konsums und bezeichnet, was die Verbraucher vorzugsweise wählen. Auf dem Gebiet der Religion heißt das also: Man muss nicht Katholik *sein*, sondern man *wählt* das Katholischsein. Präferenzen können sich ändern. Ich kann heute Katholik sein, aber morgen könnte ich auch Episkopalist oder Agnostiker werden. Die (sozusagen) kalifornische Version der amerikanischen Sprache kennt einen sogar noch vielsagenderen Ausdruck: »I'm *into* Buddhism« (was in etwa dem deutschen »Ich *stehe auf* Buddhismus« entspricht, d. Ü.). Morgen könnte ich natürlich schon »*out of* Buddhism« und »*into*« Schwitzhütten der amerikanischen Ureinwohner sein usw. Natürlich springen sogar in den kulturell und religiös so flatterhaften amerikanischen Verhältnissen die meisten Menschen nicht jeden Tag von einer solchen Präferenz zur anderen. Sie werden darin von den Zwängen ihres Aufwachsens und ihrer Familie gebremst sowie vom Wunsch, bei etwas zu bleiben und ein gewisses Maß an Stabilität zu erreichen. Aber das Bewusstsein, dass man grundsätzlich jederzeit auch *etwas anderes wählen* könnte, ist die ganze Zeit da, und folglich auch immer die Möglichkeit, dass man das eines Tages *tut*.

Um es noch einmal zu sagen: Modernisierung produziert Pluralität. Und Pluralität steigert die Fähigkeit des Individuums, zwischen Weltanschauungen Wahlentscheidungen zu treffen. Die Säkularisierungstheorie lag dabei in der Annahme falsch, dass die Wahlentscheidungen grundsätzlich in die *säkulare* Richtung gehen würden. In Wirklichkeit können sie genauso in die religiöse gehen. Eine *gewählte* Religion ist instabiler (oder, wenn man will, schwächer) als eine Religion, die man für selbstverständlich hält. Zudem *könnte* sie oberflächlicher sein (das heißt auf nicht größerer Ernsthaftigkeit beruhen als die Wahl eines Produkts im Supermarkt). Aber das muss nicht so sein. Ein leidenschaftlicher Sprung in den Glauben, wie ihn Søren Kierkegaard nahelegte, ist nur in einer Situation möglich, in der die Religion nicht mehr als selbstverständlich gilt.

Auf diese Weise verändert sich infolge der pluralen Umstände im Bewusstsein der Einzelnen die Stellung der Religion. Man könnte dieses Bewusstsein so beschreiben, dass es über verschiedene Schichten von »Sicherheitsstufen« verfügt: von der »tiefen« Stufe der als selbstverständlich betrachteten Annahmen über die Welt (wobei »tief« nicht im Freudschen Sinn zu verstehen wäre – auf dieser Bewusstseinsebene ist nichts »Unbewusstes«) über die mehr oder weniger stabilen Überzeugungen bis »hinauf« auf die Stufe der leicht auswechselbaren Meinungen: Ich bin Amerikaner (und könnte mir nicht vorstellen, etwas anderes zu sein). Ich bin politisch liberal. Derzeit neige ich dazu, der Kandidatin X den Vorzug vor dem Kandidaten Y zu geben. Im Bewusstsein des Einzelnen »sickert« die Religion sozusagen »nach oben«, nämlich aus der tieferen Schicht der Gewissheit in die viel zerbrechlichere Schicht der bloßen Meinung, wobei es zwischen diesen beiden noch mehrere andere Schichten gibt. Wichtig ist dabei, deutlich zu sehen, dass diese Veränderung sich nicht unbedingt auf den *Inhalt* der Religion auswirkt. Ein traditioneller, aus Selbstverständlichkeit zur Kirche gehörender Katholik kann genau den gleichen Lehren und Praktiken anhängen wie ein moderner Individualist, der aus Präferenz Katholik ist. Der Unterschied ist, dass bei den beiden die Lehren und Praktiken einen unterschiedlichen Stellenwert einnehmen. Anders gesagt, die Pluralisierung muss nicht das *Was* der Religion ändern, aber sie wird wahrscheinlich das *Wie* ändern. Doch um wiederum die allzu leichte Verallgemeinerung zu vermeiden, sollten wir anmerken, dass der Umstand, freiwillig seine religiöse Zugehörigkeit zu wählen, unvermeidlich mit sich bringt, dass die Einzelnen eine größere Chance haben, die von ihren Kirchen vorgegebenen offiziellen Doktrinen und Praktiken zu verändern – was also heißt, durchaus neben dem *Wie* der Religion auch ihr *Was* zu verändern. Das kommt oft in Redewendungen wie: »Ich bin Katholik, *aber*...« zum Ausdruck. Mit diesem einschränkenden »aber« kann gemeint sein, dass der oder die Betreffende zum Beispiel nicht mehr an die Unfehlbarkeit des Papstes oder das Wunder der Messe glaubt oder unbeschwert Methoden der Empfängnisverhütung praktiziert, welche die Kirche nicht gutheißt.

Aber die Pluralisierung verändert auch den soziologischen Charakter der religiösen Institutionen und das Verhältnis dieser Institutionen zueinander. Ob sie es wollen oder nicht, hören Kirchen auf, religiöse Monopoleinrichtungen zu sein und werden stattdessen zu *freiwilligen Genossenschaften*. Manche religiöse Institutionen (und Führungskräfte) tun sich damit sehr schwer. In der abendländischen Welt ist die römisch-katholische Kirche das augenfälligste Beispiel einer religiösen Institution, die sehr zögerlich, aber unausweichlich gezwungen wird, sich als freiwillige Genossenschaft zu gebärden. Seit die Kirche sich nicht mehr darauf stützen kann, dass sich ihre Kirchenbänke entweder dank kultureller Selbstverständlichkeit oder durch die Zwangskraft des Staats füllen, hat sie keine andere Alternative mehr, als die Menschen davon zu überzeugen, dass es sich lohnt, ihre Dienste in Anspruch zu nehmen. Mit dieser Verlagerung verändert sich auch zwangsläufig das Verhältnis zwischen den kirchlichen Funktionären (im Fall der Katholiken zwischen ihrer Hierarchie und dem Klerus) und ihrer Laienklientel. Ganz unabhängig vom theologischen Selbstverständnis der katholischen Kirche müssen deren Funktionäre bereitwilliger auf die Wünsche ihrer Laienschaft eingehen, und deren Einfluss wird dementsprechend an Stärke zunehmen.

Manch katholischer Beobachter hat diesen Prozess abschätzig als »Protestantisierung« bezeichnet. Damit müssen aber keinerlei doktrinäre oder liturgische Zugeständnisse an den Protestantismus einhergehen. Es geht einfach um das Akzeptieren der empirischen Tatsache, dass die Kirche jetzt eine Freiwilligen-Genossenschaft ist, die von der nicht erzwungenen Zugehörigkeit ihrer Laienmitglieder abhängig ist. Das ist »protestantisch« nur in dem Sinn, dass der Protestantismus weithin, und insbesondere in der Version, die in Amerika vorherrschend geworden ist, bereits sehr lange in Form einer Freiwilligen-Genossenschaft tätig war. Man kann es auch so sagen, dass der Protestantismus schon länger verhältnismäßig besser dafür ausgerüstet ist, mit der pluralen Situation zurechtzukommen. Aber eine religiöse Körperschaft muss nicht unbedingt protestantisch werden, um sich dieses Vorzugs zu erfreuen. Die katholische Kirche lehnte zunächst die Vorstellung entschieden ab, sie sei eine freiwillige Genossenschaft von Gläubigen, akzeptierte dann jedoch *nolens volens* diesen Status in Ländern, in denen die Katholiken eine Minderheit waren (wie etwa in den USA) oder wo der Staat sich weigerte, seine alte unterstützende Rolle weiterzuspielen (wie in Frankreich).

Mit anderen Worten: Die Soziologie überholte die Ekklesiologie, die Kirchenlehre. Im Nachhinein lieferte das starke Bekenntnis des Zweiten Vatikanischen Konzils zur Religionsfreiheit dem empirischen Prozess, der bereits vor sich gegangen war, die theologische Legitimation. Es lohnt sich festzuhalten, dass die beiden einflussreichsten katholischen Denker, die diese Legitimation formulierten, aus den beiden Mutterländern der modernen Demokratie stammten: John Courtney Murray aus den USA und Jacques Maritain aus Frankreich. Der Fall der katholischen Kirche wurde hier genauer genannt, weil er der dramatischste ist. Aber der gleiche Sieg des Freiwilligkeitsprinzips lässt sich auch in anderen Fällen bisheriger religiöser Monopole beobachten: in der Kirche von England, der russisch-orthodoxen Kirche, dem orthodoxen Judentum und in diesem Fall auch im türkischen Islam oder im Hinduismus in vielen Teilen Indiens.

Die Pluralisierung verändert auch die Beziehungen der religiösen Institutionen untereinander. Sie treffen einander jetzt als Konkurrenten auf einem freien – oder jedenfalls relativ freien – Markt. Geben sie erst einmal ihr Vorhaben auf, ihr religiöses Monopol wiederherzustellen oder neu einzurichten, so müssen sie auf irgendeine Weise ihre Konkurrenten anerkennen. Richard Niebuhr (ein amerikanischer Kirchenhistoriker, nicht zu verwechseln mit seinem bekannteren Bruder, dem Theologen Reinhold Niebuhr) prägte zur besseren Erfassung dieses Phänomens den Begriff der Denomination. Klassischerweise unterschieden die Religionshistoriker und -soziologen zwischen zwei Typen von religiösen Institutionen: der Kirche, einer inklusiven Körperschaft, in die die meisten Mitglieder *hineingeboren* werden, und der Sekte, einer kleinen, exklusiven Körperschaft, der sich die Mitglieder *anschließen*. Niebuhr setzte daneben noch die Denomination, eine spezifisch amerikanische Kategorie. Ihr sozialer Charakter gleicht eher dem der Kirche als einer Sekte, aber die Einzelnen schließen sich ihr eher an, als dass sie in sie hineingeboren werden, und sie erkennt explizit oder implizit die Daseinsberechtigung ihrer Konkurrenten an. Mit anderen Worten: Die Denomination ist das Kind des Wettbewerbs unter pluralen Umständen. Wie alle an einem Markt Teilnehmenden müssen Denominationen sowohl konkurrieren als auch kooperieren. Die Kooperation äußert sich in zahlreichen »ökumenischen« und »interreligiösen« Aktivitäten, die den Wettbewerb zivilisieren und ein Stück weit regulieren. Es braucht nicht eigens gesagt zu werden, dass die Denomination nach dem Freiwilligkeitsprinzip handelt, also nach dem empirischen Schlüsselmerkmal der pluralen Situation und gemäß dem Grundwert (»dem Recht der freien Wahl«) der Ideologie des Pluralismus.

Die pluralisierende Dynamik mit allen ihren bislang genannten Zügen kommt am besten unter den Bedingungen der gesetzlich garantierten Religionsfreiheit zum Zug. Wenn jedoch ein Staat versucht, der Religionsfreiheit Grenzen zu setzen, so findet die pluralisierende Dynamik trotzdem Mittel und Wege, sich einzumischen. Eine ganze Anzahl von Staaten in der heutigen Welt hat versucht, die Religionsfreiheit einzuschränken (oft unter der Vorgabe, ihre Bürger vor »bekehrenden« Missionaren schützen zu wollen). Das waren vorwiegend muslimische Länder, aber auch Israel, Russland, Indien und China gehörten dazu. Manche dieser Maßnahmen waren recht effizient. Aber solange nicht ein wirklich totalitäres System im Spiel ist, finden die pluralisierenden Kräfte auch dort ihren Weg hinein: und zwar dank der riesigen Kommunikationskanäle, die die moderne Technik eröffnet hat, dank der internationalen Reisen sowohl von Bürgern des restriktiven Staats als auch seiner ausländischen Besucher, und oft genug durch Missionare, die die staatlichen Kontrollen missachten oder umgehen. Es ist sehr schwer, den pluralistischen Flaschengeist wieder in seine Flasche zurückzuverbannen.

Die bisherige Erörterung hat sich auf die Religion konzentriert, und zwar auf eine ganz neuartige, moderne Form des Polytheismus. Diese Pluralisierung stellt für alle religiösen Traditionen eine große Herausforderung dar, aber die modernen Gesellschaften haben sich als fähig erwiesen, mit ihr zu leben und sich an sie anzupassen. Dass man in Zeiten der Aufklärung den Wert der religiösen Toleranz so stark betonte und verteidigte, war zweifellos von der Abscheu gegen die schrecklichen Grausamkeiten der Religionskriege genährt – und es ist keine Frage, dass keine theologische Differenz das Blutbad dieser Kriege rechtfertigen konnte.

Die Pluralisierung wirkt sich jedoch nicht nur auf die Religion aus, sondern auch auf die Moral. Mit der Pluralisierung von *Werten*, die der Moral ihre Grundlage liefern, ist aber viel schwieriger zurechtzukommen als mit der religiösen Pluralisierung.

Wenn ich Katholik bin und glaube, dass in der Eucharistie-feier eine Transsubstantiation stattfindet, und mein Nachbar Protestant ist, der ein weniger wundersames Verständnis dieses Sakraments hat, wird es für uns beide nicht allzu schwer sein, miteinander gut auszukommen, sofern wir zu einem gewissen Maß an Toleranz bereit sind. Schließlich muss sich unsere theologische Meinungsverschiedenheit über diesen Punkt auf kein Thema unseres praktischen Umgangs miteinander auswirken. Wir können friedlich einer Meinung sein, sodass wir darüber und über etliche ähnliche Themen unterschiedlich denken können. Aber was passiert, wenn wir es mit einer Pluralität moralischer Normen zu tun haben? Sagen wir, mein Nachbar hält den Kannibalismus für gut und praktiziert diese Überzeugung, soweit er irgendwie kann.

Zugegeben, das Beispiel Kannibalismus ist sehr weit hergeholt. Aber in den modernen Gesellschaften gibt es scharfe moralische Differenzen, die in vergleichbare Konflikte führen. Derzeit hat die muslimische Diaspora in Europa die europäischen demokratischen Länder vor schwierige moralische Herausforderungen gestellt: Kann etwa der liberal-demokratische Staat den Ehrenmord an Frauen zulassen, die angeblich die Familienehre beschmutzen? Oder kann er die Genitalverstümmelung zulassen? Und wie soll er damit umgehen, dass minderjährige Frauen importiert werden, sei es für polygame oder sonstige Ehen? Und was tut man, wenn der Ehemann auf sein Recht pocht, seine Frau von Zeit zu Zeit mit Schlägen zurechtweisen zu können? Darüber hinaus gibt es auch noch weniger dramatische Themen: Sollten europäische Schulen die Trennung von Jungen und Mädchen beim Schulsport akzeptieren (oder vielleicht sogar auch bei anderen – oder allen – schulischen Aktivitäten), wie das Muslime verlangen? Sollten Frauen in Gewändern, die sie von Kopf bis Fuß verhüllen, für staatliche Stellungen zugelassen werden? Sollten alte Blasphemiegesetze wieder aufgegriffen oder neue geschaffen werden, um Beleidigungen des Islams zu verbieten? (Beiläufig sei angemerkt, dass es durchaus der Fall sein könnte, dass diese Moralprinzipien nicht authentisch islamisch sind, sondern vielmehr das Ergebnis kultureller Entwicklungen, die nichtreligiösen Ursprungs waren. Aber die Tatsache bleibt, dass diese Normen in Begriffen der Religionsfreiheit legitimiert werden sollen, und die gastgebenden Gesellschaften müssen entscheiden, ob sie diese Legitimation akzeptieren oder ablehnen wollen.)

Amerikaner müssen nicht den Atlantik überqueren, um anderswo vergleichbare Herausforderungen der moralischen Pluralität zu finden. Als Beispiele seien nur die heißen Diskussionen in den USA über die Abtreibung oder die Ehe von Gleichgeschlechtlichen genannt. Wie funktioniert eine Gesellschaft, wenn ein beträchtlicher Teil ihrer Mitglieder der Überzeugung ist, dass die Abtreibung ein Recht der Frau sei, während ein anderer großer Teil davon überzeugt ist, das sei Mord an einem Kind? Und was ist zu tun, wenn eine größere Gruppe in der Gesellschaft der Auffassung ist, die Ehe zwischen Gleichgeschlechtlichen sei ein grundlegendes Bürgerrecht, während eine andere Gruppe die Meinung vertritt, das sei eine alles verkehrende Perversion? Falls ich Katholik bin, kann ich mich leicht freundschaftlich mit meinem protestantischen Nachbarn zusammensetzen, ohne dass wir in eine spitzfindige Debatte über die Natur der Eucharistie verfallen. Aber kann ich mich freundlich mit einem Nachbarn bei einer Tasse Kaffee zusammensetzen, den ich als Mörder oder Perversen betrachte, oder jedenfalls als Befürworter von Mord oder Perversion?

Kurz gesagt: Die *moralische* Pluralisierung schafft heute größere Herausforderungen als die religiöse Pluralisierung. Mehr noch: Zumindest manche moralischen Urteile beruhen auf einem Maß an Gewissheit, wie man sie in Dingen der Religion nicht braucht. Das ist ein Problem, das in diesem Buch später noch einmal zur Sprache kommen muss.

2 Die Dynamik des Relativierens

Es sei noch einmal wiederholt: Die Moderne pluralisiert. Die Moderne deinstitutionalisiert. Oder anders gesagt: Die Moderne relativiert. Im Folgenden soll es darum gehen, die vom Relativieren in Gang gesetzten Prozesse genauer in Augenschein zu nehmen.

Worin besteht das Relativieren?

Was Relativieren bedeutet, lässt sich am leichtesten verstehen, indem man sich sein Gegenteil ansieht: die Absolutheit. Im Bereich der Erkenntnis gibt es Definitionen der Realität, die im Bewusstsein den Status der Absolutheit haben. Mit anderen Worten: Man ist sich ihrer derart gewiss, dass man sie nicht ernsthaft in Zweifel ziehen kann. Die bedrängendste absolute Wahrheit dürfte die sein, dass wir irgendwann unvermeidlich sterben werden. Der Philosoph Alfred Schütz bezeichnete dies als die »fundamentale Angst«. Das bedeutet jedoch nicht, dass das Wissen um den Tod dem Bewusstsein ständig präsent wäre. Die meisten Menschen überdecken es, indem sie ganz in ihren alltäglichen Beschäftigungen und Zerstreuungen aufgehen. Bei manchen ist natürlich die Angst vor dem Sterben durch religiöse Hoffnungen auf ein glücklicheres Leben im Jenseits gemildert.

Eine weitere absolute Gewissheit ist die Überzeugung, dass die Außenwelt real so ist, wie sie einem die eigenen fünf Sinne offenbaren. Dieser Tisch hier vor mir steht zum Beispiel wirklich so da. Das kann ich nicht ernsthaft bezweifeln. Natürlich kann ich im Philosophieunterricht zum Zweifel daran angeleitet werden, ob der Tisch auch dann noch dasteht, wenn ich ihn nicht im Blick habe. Da werde ich vielleicht angewiesen: »Schließen Sie Ihre Augen und wenden Sie sich ab. Und jetzt beweisen Sie, dass der Tisch immer noch da ist.« Das kann ich tatsächlich nicht beweisen, und so sehe ich mich gezwungen, anzuerkennen, dass ich mir tatsächlich nicht absolut sicher bin, dass der Tisch auch außerhalb meines eigenen Bewusstseins objektiv da ist. Aber dieses Unterrichtsexperiment ist bloß ein Spiel. Es entbehrt der Ernsthaftigkeit. Sogar mitten im Experiment weiß ich, dass der Tisch die ganze Zeit hindurch da draußen immer noch existiert. Mit anderen Worten: Mein Wissen, dass es die mich umgebende Welt wirklich gibt, hat den Status der Absolutheit.

Das Relativieren ist der Prozess, mittels dessen der absolute Status von etwas geschwächt oder im Extremfall ganz untergraben wird. Zwar stützt sich die Beweiskraft der eigenen fünf Sinne auf einen Anspruch auf Absolutheit, der nur sehr schwer zu relativieren ist, aber es gibt eine ganze Welt von Definitionen der Realität, die *nicht* auf einer derartigen Bestätigung durch die Sinne beruhen: die Welt der Glaubensüberzeugungen und Werte. Robert und Helen Lynd, die Klassiker der amerikanischen Soziologie, prägten bei ihren Untersuchungen in »Middletown« (was ihr Pseudonym für Muncie in Indiana war) den Begriff der »of course statements« (der »Natürlich ist es so«-Aussagen). Sie bezeichneten damit Aussagen über die Welt, auf die die meisten Menschen spontan mit »of course«, »natürlich«, antworten. Das war zum Beispiel die Reaktion auf die Aussage: »Die amerikanische Demokratie übertrifft jedes andere politische System.« Das Ehepaar Lynd untersuchte »Middletown« zweimal, nämlich 1928 und 1937. Zur damaligen Zeit hatten die meisten Bewohner der Stadt mit »natürlich ist das so« geantwortet, wenn man ihnen diese Aussage über die Demokratie vorlegte (aber wer weiß, ob das heute noch genauso der Fall wäre).

Nehmen wir als ein etwas aufschlussreicheres Beispiel den Fall, dass ein heutiger Amerikaner jemandem seine Frau vorstellt. Daraufhin wird er gefragt: »Ist das Ihre einzige Frau?«

»Natürlich!«, antwortet er, möglicherweise etwas gereizt. Nun würde sich diese kleine Szene in einem Land, in dem die Polygamie akzeptiert ist und praktiziert wird, offensichtlich ganz anders abspielen. Aber selbst in Amerika haben sich in den letzten Jahren die Verhältnisse so verändert, dass die spontane Antwort »Natürlich!« auf die Frage »Ist das Ihre einzige Frau?« nicht mehr überall so selbstverständlich ist. Oder es ist nicht mehr absolut sicher, dass ein verheirateter Mann (»natürlich«) mit einer Frau verheiratet ist; das könnte jetzt eventuell auch ein Mann sein (und für Frauen gilt das umgekehrt genauso). Sicher gibt es in Amerika Menschen, die ganz und gar gegen gleichgeschlechtliche Ehen sind. Aber selbst sie sind sich dessen bewusst, dass diese alternative Verbindung inzwischen weithin akzeptiert und zumindest sporadisch auch tatsächlich praktiziert wird (und genau das ist es, worüber sie sich aufregen). Folglich ist der »natürlich«-Status der heterosexuellen Ehe in Frage gestellt – das heißt, er ist relativiert worden. Man könnte sagen, das Anliegen der Gegner gleichgeschlechtlicher Ehen sei es, diesen Prozess der Relativierung wieder umzukehren und gesetzlich und im öffentlichen Bewusstsein das alte absolute Prinzip wiederherzustellen.

Der Begriff der »of course statements« der Lynds entspricht mehr oder weniger dem, was Alfred Schütz als »the world-taken-for-granted«, »die für selbstverständlich gehaltene Welt« bezeichnet hatte. Diese zeichnet sich dadurch aus, dass sie gewöhnlich über einen großen Bestand an Definitionen der Realität verfügt, die allgemein nicht hinterfragt werden. Das sind sowohl kognitive als auch normative Definitionen, also Aussagen darüber, wie die Welt *ist*, und Aussagen darüber, wie die Welt *sein sollte*. Die für selbstverständlich gehaltene Welt ist das Ergebnis eines Prozesses der Verinnerlichung von Institutionalisiertem. Anders gesagt, die objektive Realität einer Institution wie etwa der Ehe hat dann auch im Bewusstsein einen objektiven Status. Die Ehe besteht »natürlich« da draußen: überall dort, wo Männer und Frauen ihre jeweiligen Rollen regelgemäß spielen. Aber die Ehe gibt es »natürlich« auch hier drinnen – insofern ich mir dieses spezifische, institutionelle Arrangement als das offensichtlich einzig plausible vorstelle. Da aber Institutionen im unreflektierten habituellen Verhalten gründen, ist ihnen ein starkes Moment der Trägheit eigen. Solange sie nicht energisch in Frage gestellt werden, haben sie die Tendenz, sich durch lange Zeiten hindurch zu halten. Sobald sie in Frage gestellt werden, ist der Prozess des Relativierens eingeleitet.

Jede solche Infragestellung kommt in Form eines Schocks: Die Menschen werden buchstäblich aus ihrer unreflektierten Akzeptanz einer bestimmten Institution aufgeschreckt. Der Schock kann kollektiv oder individuell sein. Nehmen wir ein Beispiel aus den politischen Institutionen, etwa eine spezifische Art von Häuptling in einer Stammesgesellschaft. Der kollektive Schock sieht so aus: Der Stamm wird erobert, das Häuptlingsamt wird abgeschafft, und an seine Stelle wird eine religiöse Hierarchie gesetzt. In einem solchen Fall wird jedes Stammesmitglied aus seinen für selbstverständlich gehaltenen Vorstellungen über die Sozialordnung aufgeschreckt. Der individuelle Schock kann so aussehen: Ein Einzelner stößt im Haus des Häuptlings auf krasse Korruption oder Betrügereien, und das Ergebnis davon ist, dass die Institution des Häuptlings für ihn ihre bisher für selbstverständlich gehaltene Legitimität verliert. Es kann sein, dass dieses Individuum mit der Erfahrung seines Schocks allein bleibt; dass also der Rest des Stammes weiterhin glücklich und zufrieden an die Institution des Häuptlings glaubt, selbst wenn der derzeitige Häuptling einiges zu wünschen übrig lässt. Zudem können der Schock und die sich daraus ergebende Relativierung beabsichtigt oder unbeabsichtigt eintreten: Die Institution des Häuptlings könnte auf dem Weg einer revolutionären Verschwörung gestürzt werden, oder sie könnte fast unbewusst für den Stamm immer weniger plausibel werden, weil sich dort andere Formen der Autorität breitmachen, etwa die Beauftragten einer nationalen Regierung. Außerdem kann, wie das vorige Beispiel zeigt, der relativierende Schock plötzlich oder erst nach und nach eintreten.

Vor rund zwanzig Jahren wurde »Middletown« wieder von einer Gruppe von Soziologen unter die Lupe genommen. Diese fanden sowohl Kontinuitäten als auch Veränderungen. Die bemerkenswerteste der Veränderungen war, dass man in »Middletown« (genau wie vermutlich auch in der amerikanischen Gesellschaft insgesamt) gegenüber rassischen, ethnischen und religiösen Minderheiten und auch gegenüber Menschen mit alternativen Lebensstilen sehr viel toleranter geworden war. In den Staaten in der Mitte der USA ist man also sozusagen kosmopolitischer und aufgeklärter geworden. Und es ist sinnvoll, dies anhand des vorhin genannten Pluralisierungsprozesses zu erklären. Seit den 1930er Jahren ist die Bevölkerung der Kleinstädte im Landesinneren der USA in den Genuss einer viel stärkeren schulischen Ausbildung gekommen (und prozentual haben auch mehr Schüler das College besucht). Sie sind – als Touristen und als Mitglieder der Streitkräfte – viel mehr in der Welt herumgekommen, bekamen von Menschen aus weit entfernten Ländern Besuch, oder diese ließen sich sogar unter ihnen nieder (zum Beispiel als Flüchtlinge, die bei ihnen ansässig wurden). Der Ausbau der Fernstraßen zwischen den Staaten und die sprunghafte Zunahme der Automobilbesitzer hat die Mobilität enorm gesteigert. Zudem wurde diese Bevölkerung infolge der jüngsten explosionsartigen Vermehrung der Kommunikationsmittel mit jeder Art von Informationen regelrecht überflutet. Die Folge war, dass Gemeinden wie »Middletown« mit einem Ruck aus ihrer verhältnismäßig starken Selbstzufriedenheit herausgerissen wurden, die sie in der Vergangenheit genossen hatten (oder, wenn man das lieber so sehen will, unter der sie gelitten hatten). Die heftigen Winde einer pluralen Gesellschaft fegten durch ihre stillen Straßen und Alleen.

So kann also Pluralität zu einer Steigerung der Toleranz führen. Mehr noch: Die Toleranz nimmt zunehmend einen sehr wichtigen Platz – zuweilen sogar den obersten Platz – in der sozial anerkannten Wertehierarchie ein. Das gilt ganz besonders für Amerika, das aus wohlbekannten historischen Gründen in der Pluralität Spitzenreiter war – ja sogar darin, den Pluralismus als Ideologie zu pflegen. Aber die Toleranz als Primärtugend dürfte sich inzwischen zumindest in einem bescheidenen Maß in allen entwickelten Gesellschaften des Westens finden. So untersuchte etwa in Deutschland Thomas Luckmann, wie in Alltagsgesprächen moralische Urteile ausfallen, und er fand heraus, dass die Toleranz mit Abstand an der Spitze der allgemein als wichtig anerkannten Werte steht. Umgekehrt wird ein Mangel an Toleranz – also Engstirnigkeit und moralische Enge – von der überwältigenden Mehrheit missbilligt, da man damit andere verurteilt. Es besteht guter Grund zu der Annahme, dass man in den anderen Ländern Westeuropas zu einem fast gleichen Ergebnis kommen würde.

In der Geschichte der Religion in Amerika wurde der Toleranzbereich Schritt für Schritt ausgeweitet. Das fing an mit der Toleranz bei und zwischen allen oder jedenfalls den meisten protestantischen Gruppen. Dann wurden auch Katholiken und Juden miteinbezogen. 1955 veröffentlichte Will Herberg sein folgenreiches Buch *Protestant – Catholic – Jew*, in dem er sehr plausibel vertrat, dass sich drei authentische Wege des »Amerikaner-Seins« herausgebildet hätten und jeder unter einem umfassenden religiösen Markenzeichen stehe. In dem halben Jahrhundert, dass seit damals vergangen ist, hat auch die ostkirchliche Orthodoxie ihre Legitimität als weitere, authentisch-amerikanische religiöse Identität erworben. (Kann sich überhaupt noch jemand die Amtseinführung eines neuen Präsidenten vorstellen, bei der nicht an irgendeiner Stelle auch ein orthodoxer Priester mit hohem schwarzem Hut und im Talar auftritt und eine Zeremonie vornimmt?) Inzwischen gibt es sogar eine zunehmende Akzeptanz religiöser Gruppen, die weit über Herbergs »jüdisch-christliche Tradition« hinausgehen. So betrachten die Amerikaner in zunehmendem Maß auch den Islam als genuines Mitglied der auf Abraham zurückgehenden Glaubensfamilie. Dabei bleiben immer noch die nicht monotheistischen Religionen, namentlich der Hinduismus und der Buddhismus, die darauf drängen, in diesen amerikanischen Ökumenismus mitaufgenommen zu werden, außen vor. In Westeuropa, wo der Grad religiöser Vielfalt geringer ist, war die Entwicklung weniger dramatisch, aber die Ideologie des Multikulturalismus legt eine ähnliche Ausweitung der Toleranz an den Tag. (Leider ist es *nicht selbstverständlich*, dass die Pluralität zu immer größerer Toleranz führt, wie uns die Geschichte schon wiederholt gezeigt hat. Es kann auch gewalttätige Reaktionen auf die Pluralität geben. Darauf werden wir in diesem Buch später zu sprechen kommen.)

Es ist nützlich, zwischen positiver und negativer Toleranz zu unterscheiden. Positive Toleranz zeichnet sich durch echten Respekt und Offenheit bei der Begegnung mit Einzelnen und Gruppen aus, die andere Werte vertreten als jene, die man selbst hat. Negative Toleranz ist ein Ausdruck von Gleichgültigkeit: »Lass sie doch tun, was sie wollen« – wobei »sie« diejenigen sind, die etwas anderes glauben und praktizieren als man selbst. Die im Großteil der entwickelten Welt entstandene Toleranz ist weitgehend von dieser zweiten Art. Von der Ideologie des Multikulturalismus wurde sie zum normativen Prinzip erhoben.

Während sich die relativierenden Wirkungen der Pluralität in großen Kollektiven, ja sogar ganzen Gesellschaften beobachten lassen, ist es wichtig, zu verstehen, dass diese Wirkungen von den mikro-sozialen Interaktionen zwischen Individuen ausgehen. Diese wiederum haben ihren Ursprung in einer ganz grundlegenden Tatsache über die Menschen: nämlich, dass sie *soziale Wesen* sind, deren Glaubensüberzeugungen und Werte, ja deren *Identitäten* in Interaktionen mit anderen zustande kommen und aufrechterhalten werden.

Was sind kognitive Abwehrstrategien, und warum sind sie notwendig?

Der weiter oben erwähnte Begriff der »kognitiven Kontamination« beruht auf der folgenden grundlegenden Tatsache: Da wir soziale Wesen sind, werden wir von anderen, mit denen wir umgehen, ständig beeinflusst. Dieser Umgang aber verändert mehr oder weniger unvermeidlich unsere Sicht der Realität. Folglich ergibt sich daraus: Wenn wir eine solche Veränderung verhindern wollen, tun wir gut daran, sehr sorgfältig darauf zu achten, mit welchen Leuten wir reden.

Der Psychologe Leon Festinger prägte den recht nützlichen Begriff der »kognitiven Dissonanz« und meinte damit Informationen, die im Widerspruch zu bislang vertretenen Ansichten stehen – oder genauer: zu bislang vertretenen Ansichten, *an denen uns sehr viel liegt.* (Offensichtlich ist es belanglos, wenn eine neue Information einigen unserer bisherigen Ansichten widerspricht, die uns wenig oder nichts bedeuten – etwa, wenn es um den Namen der Hauptstadt von Papua-Neuguinea geht.) Was Festinger herausfand, dürfte uns nicht überraschen: Die Menschen versuchen, kognitive Dissonanz zu vermeiden. Die einzige Möglichkeit, dies zu tun, besteht jedoch darin, die »Träger« der Dissonanz zu meiden, und zwar sowohl die sachlichen als auch die menschlichen. Folglich meiden es Individuen, welche die politische Ansicht X vertreten, Zeitungsbeiträge zu lesen, die die politische Ansicht Y befürworten. Ebenso werden diese Individuen das Gespräch mit Y-isten vermeiden, sich aber gern mit X-isten als Gesprächspartnern unterhalten.

Wenn Menschen in eine ganz bestimmte Definition der Realität persönlich sehr viel investieren – sich etwa ganz stark und tief einer religiösen oder politischen Überzeugung verschreiben oder für Überzeugungen leben, die sich direkt auf ihren Lebensstil auswirken (zum Beispiel für die Auffassung, dass das Rauchen akzeptabel, ja sogar schick sei), werden sie große Anstrengungen unternehmen, sowohl in ihrem Verhalten als auch kognitiv starke Abwehrstrategien zu entwickeln.

Vom Verhalten her bedeutet das, wie bereits gesagt, dass man Quellen mit dissonanter Information meidet. Aber es gibt auch kognitive Abwehrstrategien – sozusagen Geistesübungen –, um sich in seine bevorzugte Sichtweise einzuigeln. Nehmen wir zum Beispiel Raucher, die ihre Gewohnheit verteidigen. Sie werden nach Material suchen, das die vorherrschende Ansicht in Frage stellt, dass Rauchen ein Gesundheitsrisiko darstelle – und es gibt immer Leute mit gegenteiliger Ansicht, die durch das Internet heute recht leicht zu finden sind. Sie werden zudem nach Möglichkeiten suchen, die Verfechter der vorherrschenden Ansicht in Misskredit zu bringen, indem sie etwa behaupten, dass jene nicht über die Kompetenz verfügten, ihre Ansicht zu beweisen (zum Beispiel, weil sie in einem ganz anderen Fach ausgebildet seien), oder dass sie mit ihrer Behauptung ein eigennütziges (und folglich fragwürdiges) Interesse verträten (vielleicht weil sie zum Beispiel von einer Anti-Raucher-Organisation bezahlt würden).

Bei der Bereitstellung kognitiver Abwehrstrategien für ihre Anhänger haben sich religiöse und politische Systeme als besonders geschickt erwiesen. In dieser Arena besteht eine übliche Verteidigungsstrategie darin, die Träger der Dissonanz in eine Kategorie einzuordnen, die sie und alles, was sie womöglich sagen werden, als völlig unglaubwürdig hinstellt: dass sie Sünder oder Ungläubige seien, einer minderwertigen Rasse angehörten, wegen ihres Standes oder Geschlechts in falschen Vorstellungen befangen seien oder es schlichtweg versäumt hätten, einen bestimmten Initiationsprozess mitzumachen, der zur angeblich richtigen Sicht der Dinge führe (also etwa eine Bekehrung oder ein angemessenes ideologisches Verständnis bewirke). Diese Strategie, eine Botschaft dadurch zu diskreditieren, dass man den Boten in Misskredit bringt, ließe sich als »Nihilation« (»Nichtung«) bezeichnen. In Extremfällen kann diese auf die physische »Liquidation« des lästigen Boten hinauslaufen.

Kognitive Abwehrstrategien sind zwar im religiösen Bereich üblich, aber es ist wichtig, darauf hinzuweisen, dass sie nicht religiöser oder auch nur ideologischer Natur zu sein brauchen. Jeder Institution, die darauf aus ist, alle Aspekte des Lebens ihrer Mitglieder zu beherrschen, ist es eigen, solche Abwehrmechanismen aufzubauen. Für diese Art von Institution haben die Soziologen bestimmte Begriffe geprägt: Erving Goffman schrieb über die »total institution«, während Lewis Coser von der »greedy institution« (»habgierigen Institution«) sprach.

Fehlt jegliche Art von kognitiver Abwehr, so setzt unvermeidlich die relativierende Wirkung des Umgangs mit »diesen Anderen« ein. Was dann stattfinden muss, ist ein Prozess des kognitiven Aushandelns, der zu einer Art von kognitivem Kompromiss führt. Wie sich dies im tatsächlichen Prozess des Umgangs von Individuen miteinander abspielt, beschrieb der Sozialpsychologe Solomon Asch in den 1950er Jahren mit seinen klassischen psychologischen Experimenten. In der einfachsten Form dieser Experimente geschah Folgendes: Eine kleine Gruppe von Individuen – für gewöhnlich Studenten (die für die Professoren die für psychologische Experimente brauchbarste Gruppe darstellen) – wurde in einen Raum gebracht. Alle, mit Ausnahme von einem (dem »Opfer«, wenn man so will), wurden zuvor in die Natur des Experiments eingeweiht. Vor der versammelten Gruppe wurde hierauf dem »Opfer« als Erstem ein Gegenstand gereicht – etwa eine Holzlatte –, dessen Länge es schätzen sollte. Es nannte eine einigermaßen zutreffende Zahl; sagen wir dreißig Zentimeter. Hierauf sollte auch jedes andere Individuum die

Länge der Latte schätzen und dabei, wie zuvor angewiesen, eine grob falsche Zahl nennen; vielleicht um die fünfzig Zentimeter. Hatten alle ihre Schätzung geäußert, so wandte sich der Leiter des Experiments an das Opfer und sagte zu ihm ungefähr Folgendes: »Offensichtlich haben Sie die Länge ziemlich anders eingeschätzt als alle anderen hier. Sehen Sie sich diese Latte doch noch einmal in Ruhe an. Überlegen Sie sich, ob Sie Ihre erste Schätzung nicht korrigieren möchten.« Die Folge war, dass fast jedes »Opfer« seine Schätzung korrigierte und seine Meinungsänderung ungefähr so erklärte: »Ich glaube zwar nicht, dass sie wirklich fünfzig Zentimeter lang ist. Aber vielleicht habe ich ihre Länge doch unterschätzt. Vielleicht ist sie ungefähr vierzig Zentimeter lang?« Das heißt, das »Opfer« wurde in Richtung dessen gebracht, was Kurt Lewin die »Gruppennorm« nannte. Interessanterweise verstärkte sich der Widerstand dagegen gewaltig, wenn statt einem »Opfer« zwei im Spiel waren: Die beiden Andersdenkenden verbündeten sich dann fest miteinander und verteidigten ihre (natürlich durchaus vernünftige) anfängliche Schätzung. Unterteilte man »Opfer« und »Nicht-Opfer« in zwei gleich starke Gruppen, so kam es typischerweise zu einem lebhaften Prozess kognitiven Verhandelns, der schließlich in einem kognitiven Kompromiss endete, das heißt in einer neuen »Gruppennorm«. Asch modifizierte sein Experiment offensichtlich nicht dahin, dass er Teilnehmende mit Statusunterschieden ins Spiel brachte; das hätte wohl noch weitere interessante Wendungen gebracht. So könnte man vermuten, dass das Ergebnis anders ausgefallen wäre, wenn das »Opfer« ein Professor und alle anderen Erstsemester-Studenten gewesen wären.

Bei Aschs Experiment ging es um eine Frage, die sich mittels eines Maßbands leicht objektiv lösen ließe (obwohl der Leiter des Experiments es sicher nicht zugelassen hätte, wenn einer der Teilnehmenden das vorgeschlagen hätte), aber dennoch führte die kognitive Kraft der Aussprache untereinander zu einem Kompromiss. Das heißt, das Miteinander-Sprechen wirkte sich sogar auf die Wahrnehmung eines physischen Gegenstandes relativierend aus, eines Gegenstandes also, dessen Länge man grundsätzlich durch Messen leicht genau hätte bestimmen können. Geht es dagegen um die Ansichten eines Individuums über vermutliche Realitäten, die *nicht* mittels der Sinneswahrnehmung der Überprüfung unterzogen werden können – etwa um religiöse oder politische Ansichten –, so *gibt es hier keine allgemein anerkannten Messinstrumente.* Daraus folgt, dass in solchen Fällen die Kraft des Darüber-Sprechens umso größer ist. Was plausibel sei und was nicht, wird dann weithin von der Natur der Aussprache darüber bestimmt.

Ein zur Beschreibung dieses Phänomens nützlicher Begriff der Wissenssoziologie ist derjenige der »Plausibilitätsstruktur«. Er bezeichnet den sozialen Kontext, innerhalb dessen jede einzelne Definition der Realität plausibel ist. Nehmen wir als Beispiel dafür die klassische katholische Formulierung *Extra ecclesiam nulla salus*, »außerhalb der Kirche kein Heil«. In die soziologische Terminologie übersetzt lautet sie: »Außerhalb der angemessenen Plausibilitätsstruktur gibt es keine Plausibilität.« Das hieße: Es wäre sehr schwierig, seine katholische Identität zu wahren, wenn man in einer geschlossenen Gemeinschaft tibetischer Buddhisten der einzige Katholik wäre. Sehr hilfreich dafür wäre es jedoch, wenn man zu zweit katholisch wäre; ebenso würde es sehr helfen, wenn man eine Korrespondenz nach außen mit anderen Katholiken unterhalten könnte. Die beste Lösung (in diesem Fall für die Wahrung der katholischen Identität) aber wäre, man könnte seiner Gefangenschaft im rein tibetischen Milieu entkommen und an einen Ort zurückkehren, wo es eine Menge Katholiken gibt. Natürlich gilt das genauso für die Plausibilität nicht-religiöser Glaubensüberzeugungen und Werte. Es ist schwer, in einer Stadt der einzige Marxist oder die einzige Feministin usw. zu sein.

Zurück zur Modernität und Relativierung: In vormodernen Gesellschaften sind die Plausibilitätsstrukturen typischerweise robust und stabil. Mit dem Einzug der Modernität werden die Pluralisierung und die Plausibilitätsstrukturen zerbrechlicher und vorläufiger. Wir werden alle zu »Opfern« von Aschs Experiment und sehen uns vor die Aufgabe gestellt, mit ganzen Gesellschaften klarzukommen. Daher müssen wir alle besonders sorgfältig darauf achten, mit welchen Menschen wir verkehren. Das war bereits vor langer Zeit dem Apostel Paulus klar, als er die Christen ermahnte: »Beugt euch nicht mit Ungläubigen unter das gleiche Joch!« (2 Kor 6,14). Falls es nicht möglich ist, im Umgang mit anderen diese Vorsicht walten zu lassen, dann stellt euch darauf ein, kognitive Kompromisse eingehen zu müssen!

Wie wirkt sich die Relativierung auf religiösem Gebiet aus?

Falls Sie anschaulich vor Augen geführt bekommen wollen, wie sich die Relativierung und ihre kognitiven Prozesse auf religiösem Gebiet auswirken, schlagen wir Ihnen eine Besichtigungsreise vor. Fahren Sie nach Washington, D. C., nehmen Sie ein Auto oder Taxi und fahren sie vom Weißen Haus aus auf der Sixteenth Street in Richtung Norden zum Walter Reed Hospital. Nach einer Reihe von Häuserblocks werden Sie durch eine regelrechte Orgie der religiösen Pluralität fahren. Da gibt es in Richtung Norden meilenweit kaum einen Häuserblock ohne ein religiöses Gebäude. Sie sehen Kirchen jeglicher protestantischer Denomination, darunter auch eine afro-amerikanische. Es gibt eine große römisch-katholische Pfarrei. Es gibt eine griechisch-orthodoxe und eine serbisch-orthodoxe Kirche. Es gibt Synagogen für die drei Spielarten des amerikanischen Judentums. Es gibt ein hinduistisches Zentrum, ein buddhistisches Zentrum, ein Baha'i-Zentrum

und einen großen Tempel mit einer vietnamesischen Auf-
schrift (der vermutlich einer der synkretistischen Sekten gehört, die sich in diesem Land stark vermehren). Sofern man
einen großen Freimaurer-Tempel ebenfalls bei den religiösen
Gebäuden auflisten will (worüber sich streiten lässt), gibt es
einen solchen auch. Die Muslime scheinen hier noch nicht
mit einem Gebäude präsent zu sein, aber nur einige Straßen
weiter steht die größte Moschee von Washington.

Es bedürfte wahrscheinlich keiner großen Nachforschun-
gen, um herauszufinden, warum ausgerechnet dieser Abschnitt von Washington derart mit Zeugnissen der Religio-
sität bestückt ist. Vielleicht hat das mit der amtlichen
Zuweisung bestimmter Zonen zu tun. Aber die Frage, die sich
einem hier vor allem aufdrängt, ist: Reden all diese Menschen
in all diesen religiösen Bauwerken nicht miteinander? Wir
meinen hier nicht den offiziellen interreligiösen Dialog, also
etwa eine Konferenz über das Verhältnis von Judentum und
Buddhismus. Wir meinen die gewöhnliche, freundliche
Unterhaltung, zum Beispiel zwischen dem serbischen Priester und dem Leiter des Baha'i-Zentrums. Wir unterstellen,
dass es solche Gespräche geben muss, und sei es nur über
Parkplatzprobleme. Stellen wir uns etwa vor, die Baha'i haben eine Großveranstaltung und es wäre für sie sehr hilfreich,
wenn sie den Parkplatz der Serben benutzen könnten. Vermutlich kommt es *darüber* zu Gesprächen. Aber hört das
Darüber-Sprechen da schon auf? Vermutlich nicht. Bevor jemand richtig merkt, was da vor sich geht, könnten die beiden
Gesprächspartner bereits tief ins Gelände der kognitiven
Kontamination geraten sein.

(Übrigens ließe sich hier zum Thema der religionssoziolo-
gischen Besuchsreise noch ein weiterer Vorschlag machen,
nämlich, einen bestimmten Straßenabschnitt in Hawaii zu besuchen. Nehmen Sie sich ein Auto und fahren Sie von Hono-
lulu auf dem Pali Highway nach Oahu auf die andere Seite
der Insel. Sie werden dort ein Spektrum religiöser Angebote

finden, das genauso breit gefächert ist wie dasjenige in Washington, nur dass dort – wie zu erwarten – die asiatischen Religionen stärker vertreten sind. Es ist kein Zufall, dass beide Örtlichkeiten zu den USA gehören. Um einen von Talcott Parsons in einem anderen Zusammenhang geprägten Begriff zu gebrauchen: Amerika ist die »vanguard society« [Vorreiter-Gesellschaft] der religiösen Pluralität.)

Was immer sich in Washington zwischen den über einen Parkplatz verhandelnden Baha'i und Serben genau abspielen mag, es ist jedenfalls so, dass die Vertreter der großen religiösen Traditionen tatsächlich bereits im Gespräch miteinander sind. Dieser interreligiöse Dialog hatte schon viel früher eingesetzt, kam aber erst nach einem wichtigen Ereignis gegen Ende des 19. Jahrhunderts richtig in Gang, dem 1893 nach Chicago einberufenen »Weltparlament der Religionen« (anlässlich dessen übrigens erstmals der Vedanta-Hinduismus und der Baha'i-Glaube in die USA eingeführt wurden). Dieser Dialog hat im Lauf der letzten fünfzig Jahre stark zugenommen; er wurde vor allem für religiös interessierte Intellektuelle zum wichtigen Betätigungs- und Berufsfeld. Inzwischen wurde dieses in mehreren größeren religiösen Institutionen in Form einer Behörde fest institutionalisiert (etwa im Vatikan und im Weltkirchenrat). Zudem gibt es zu diesem Thema inzwischen eine Fülle von Literatur. Wir können hier zwar keinen Überblick über diese Entwicklung geben, aber es dürfte der Mühe wert sein, wenigstens kurz die Hauptpositionen zu beschreiben, die die christlichen Teilnehmer in diesem interreligiösen Dialog eingenommen haben. (Man beachte, dass man mit den gleichen Kategorien auch die von den Nicht-Christen eingenommenen Positionen beschreiben könnte.)

Es gibt im Wesentlichen drei grundlegende Positionen: die exklusive, die pluralistische und die inklusive. Die Vertreter der exklusiven Position geben dem relativierenden Prozess wenig oder gar keinen Raum: Sie behaupten klar und deutlich, dass das Christentum die absolute Wahrheit sei. Wie zu erwarten, wird diese Position gern mit der doktrinären Orthodoxie als eins gesehen (sei diese katholisch oder protestantisch). Es wäre aber äußerst unfair, diese Position mit Feindseligkeit oder Verachtung gegenüber Anhängern anderer Glaubensrichtungen gleichzusetzen. Oft geht sie mit einer Haltung des Respekts vor alternativen religiösen Traditionen einher, ja sogar mit der Bereitschaft, hie und da von diesen etwas zu lernen. Aber es gibt keinen kognitiven Kompromiss bezüglich einer typischerweise großen Anzahl doktrinärer Aussagen, die für den Glauben als zentral gelten.

Im Gegensatz dazu gehen in diesem Prozess des kognitiven Verhandelns die Vertreter der pluralistischen Position so weit wie möglich, um anderen Traditionen den Status der Wahrheit zuzugestehen und eine Vielzahl historischer christlicher Lehren aufzugeben. Ein wichtiger Vertreter dieser pluralistischen Position ist der britische protestantische Theologe John Hick, ein ungewöhnlich produktiver und sprachgewandter Schriftsteller. Hick fand eine recht anschauliche Metapher: Er plädierte für eine »kopernikanische Wende« in unserem Denken über die Religion. Traditionellerweise hätten sich die Christen ihren Glauben als die Mitte vorgestellt, um die alles andere in der Welt kreise. Jetzt aber sollten sie sich ihren Glauben als einen der vielen Planeten vorstellen, die um die Sonne der absoluten Wahrheit kreisen. Diese Wahrheit selbst bleibe uns in ihrer Fülle unzugänglich; wir könnten sie nur zum Teil erfassen, nämlich aus der Perspektive des einen Planeten, auf dem wir uns zufällig befänden. Das ist zwar eine recht attraktive Metapher, aber Hick schien die Möglichkeit auszuschließen, dass man von manchen »Planeten« aus die Sonne vielleicht überhaupt nicht sehen kann. Oder anders gesagt: Er scheint implizit zu unterstellen, dass von allen »Planeten« aus die Sicht gleichermaßen gegeben sei. Das aber ist angesichts der starken Widersprüche zwischen einigen der Perspektiven nur mit großer Mühe aufrechtzuerhalten. (Hick ist sich dieses Problems bewusst. Er versucht es damit zu lösen, dass er zwischen den einzelnen Religionen anhand ihrer moralischen Konsequenzen Unterschiede macht: Religionen seien in dem Maß »wahr«, in dem sie »gute« Anhänger hervorbrächten. Aber damit wird die Religion ganz von der Frage losgelöst, ob sie inhaltlich wahr sei, und wenn man ausschließlich auf die Güte ihrer Anhänger sieht, ist das ein recht wenig überzeugendes Unterscheidungskriterium für ihre Wahrheit. Um eine Analogie aus der Naturwissenschaft zu verwenden: Die Gültigkeit der Relativitätstheorie hängt nicht davon ab, ob Einstein ein guter Mensch war.)

Wie kaum anders zu erwarten, liegt die inklusive Position in der Mitte zwischen diesen beiden bisher beschriebenen: Ihre Vertreter stehen fest zum Wahrheitsanspruch ihrer Tradition, sind jedoch willens, sehr weit darin zu gehen, die Möglichkeit von Wahrheiten in anderen Traditionen zu akzeptieren. Zudem sind sie bereit, im Lauf verschiedener kognitiver Kompromisse bestimmte Elemente der von ihnen vertretenen Tradition aufzugeben. Wer diese Position einnimmt, muss über eine bestimmte Methode verfügen, mit der er unterscheiden kann, was für seine Glaubensüberzeugung zentral ist und was nur am Rand wichtig ist. (Das Letztere fällt in die Kategorie der *adiaphora*, der »Dinge, die keinen Unterschied ausmachen«.) Wenn man diese Unterscheidung gemacht hat, ist man natürlich in der Lage einzuschätzen, welche Elemente seiner Tradition man um jeden Preis verteidigen muss und welche man aufgeben kann, ohne etwas Wesentliches zu verlieren.

Natürlich handelt es sich bei diesen drei Positionen um »Idealtypen« (um einen Begriff von Max Weber zu gebrauchen); in der Praxis sind die Grenzen zwischen ihnen nicht immer klar. Sie können zwar sehr nützlich sein, aber empirisch birgt jede Position gewisse Gefahren. Der Exklusivist kann sich eventuell in einer Haltung des Widerstreits gegen wichtige Aspekte der heutigen Kultur befinden – ein Standpunkt, der angesichts des Relativierungsdrucks nur sehr schwer aufrechtzuerhalten ist, und aus dem man sehr plötzlich in eine Vielzahl von Relativismen stürzen kann. Der Pluralist muss sich früher oder später der Tatsache stellen, dass manche der »Anderen« derart unplausibel oder abstoßend sind, dass man sie kaum mehr als Träger der Wahrheit ansehen kann – eine Erkenntnis, die ihn entweder in eine nihilistische Leugnung jeglicher Möglichkeit zur Wahrheitserkenntnis stürzen kann oder durch seine Art der Reaktion auf eine exklusivistische Position zurückwirft. Was den Inklusivisten angeht, besteht seine Gefahr darin, im Unklaren darüber zu bleiben, was nun genau »miteinbezogen« werden kann und was nicht, und das kann letztlich zu einem hohen Maß an Verwirrung führen.

In der westlichen Welt neigen zwar die meisten Menschen zu einer inklusivistischen Position, aber alle drei Positionen des offiziellen interreligiösen Dialogs lassen sich auch auf der Ebene des alltäglichen Umgangs finden, wenn Menschen bei der Arbeit auf die Religion zu sprechen kommen, beim Gespräch mit der Nachbarin über den Gartenzaun oder an anderen Orten, die weitab von den Konferenzräumen liegen, in denen bevollmächtigte Vertreter verschiedener religiöser Institutionen sich mit Diskussionen über verschiedene Lehrinhalte abgeben. Diese institutionellen Diskussionen haben oft den Charakter von Grenzverhandlungen über nicht vorhandene Länder. Angenommen, katholische und lutherische Theologen diskutieren über mehrere Jahre hinweg intensiv miteinander über die Rechtfertigungslehre. Weiter angenommen, sie erarbeiten schließlich bestimmte Formulierungen, denen beide Seiten zustimmen können, und sie verkünden dann der ganzen Welt, dass zumindest diese spezielle Lehre die beiden Kirchen nicht länger trennen müsse. Das ist übrigens nicht bloß eine Annahme, es hat tatsächlich stattgefunden und ist gelungen. Jedoch muss man die Frage stellen, wie viele katholische und lutherische Laien auch nur annähernd die offiziellen Lehren ihrer jeweiligen Kirchen kennen – oder sich überhaupt ernsthaft für derartige Lehren interessieren. Ferner muss man die Frage stellen, ob der unter viel Aufwand von Geist, Mühe und Zeit erreichte theologische Kompromiss irgendetwas mit der gelebten Frömmigkeit der gewöhnlichen Kirchenmitglieder zu tun hat. Und schließlich muss man vermuten, dass es zwischen diesen beiden Gruppen von Laien weiterhin substanzielle Unterschiede geben wird – Unterschiede, die von den Theologen nur mit Papier zugedeckt wurden.

Nehmen wir etwa zwei zehnjährige Mädchen, die über die Straße Nachbarinnen sind, miteinander spielen und vielleicht auch einmal über Religion reden – gewöhnlich wegen irgendwelcher Religionspraktiken der einen oder der anderen. Das eine Mädchen ist katholisch, das andere jüdisch. Vielleicht hat das katholische Mädchen gehört, dass die Juden glauben, sie seien das von Gott auserwählte Volk. Vielleicht verwirrt es das jüdische Mädchen ein bisschen, dass ihm jemand gesagt hat, die Katholiken glaubten, *ihre* Kirche sei als Einzige im Besitz der vollen Wahrheit. Welche Standpunkte werden die beiden Mädchen bei diesen Gesprächen einnehmen? Jede könnte durchaus eine exklusivistische Position einnehmen: Ja, das ist das, was »wir« glauben, und auch wenn dieser Unterschied bleibt, können du und ich trotzdem Freundinnen bleiben. Die andere Möglichkeit ist, dass das eine oder andere der beiden Mädchen pluralistisch eingestellt ist: Alle Wege führen zu Gott; letztlich sitzen Katholiken und Juden im selben Boot des Nichtwissens darüber, wie am Ende die Wahrheit wirklich aussehen wird, und derweil müssen wir tolerant miteinander sein. Falls beide pluralistisch eingestellt sind, wird das katholische Mädchen die Vorstellung von der einzig wahren Kirche aufgeben und das jüdische Mädchen wird nicht länger die Vorstellung vertreten, es gehöre dem auserwählten Volk an. Höchstwahrscheinlich aber werden die beiden Mädchen jedoch als Inklusivistinnen enden: Das jüdische Mädchen wird seine bislang negative Sicht von Jesus ändern, ohne Christin zu werden; und das katholische Mädchen wird einräumen, dass sich die Wahrheit auch außerhalb seiner Kirche finden lässt, also auch im Judentum, aber es wird weiterhin an der Messe teilnehmen, den Rosenkranz beten und vielleicht den Papst verehren. Es braucht eigentlich gar nicht gesagt zu werden, dass zehnjährige Mädchen weithin unter dem Einfluss der für sie signifikanten Erwachsenen stehen: dem Einfluss ihrer Eltern, Lehrer und Geistlichen sowie auch der Bezugsgruppen, in denen sie sich bewegen.

Sowohl auf der Ebene der religiösen Intellektuellen als auch auf der Ebene der gewöhnlichen Gläubigen (seien es Zehnjährige oder Erwachsene) ist, wie bereits gesagt, die inklusivistische Position die häufigste. Relativ wenige Menschen konvertieren von dem Glauben, in dem sie aufgezogen wurden, zu einem völlig anderen Glauben. Das emotionale Hingezogensein zu der speziellen Tradition, in der man in seiner Kindheit und Jugend sozialisiert worden ist, ist stark, und es wird gewöhnlich vom anhaltenden Einfluss der Familie und Freunde bekräftigt. So lassen sich – zumindest in den westlichen Gesellschaften – die meisten Menschen auf das ein, was der amerikanische Religionssoziologe Robert Wuthnow als »Patchwork-Religion« (»Flickenteppich-Religion«) bezeichnet hat. Das heißt, sie setzen sich ihre persönliche Religion aus unterschiedlichen Elementen ihrer eigenen Tradition und auch anderer Traditionen zusammen, die dann wie ein aus den unterschiedlichsten großen und kleinen Stoffstücken zusammengesetzter Flickenteppich aussieht.

Die französische Soziologin Danièle Hervieu-Léger gebrauchte zur Beschreibung des gleichen Phänomens in Mitteleuropa den Begriff *bricolage* (»selbstgebastelte Religion«; sie verwendet diesen Begriff in einem ganz anderen Sinn als Claude Lévi-Strauss, der ihn in der Anthropologie geprägt hat). Das ließe sich damit vergleichen, dass jemand aus Lego-Bausteinen ein Phantasie-Gebäude zusammensetzt, was zuweilen zu recht eigenartigen Gebilden führt. Aber selbst wenn man etliche fremde Elemente hinzufügt, bleibt die ursprüngliche Religion immer noch dominant. Da mag jemand dann Katholik sein – und als solcher sowohl in den eigenen Augen als auch in denen anderer erkennbar sein –, obwohl er genau genommen »zwar Katholik ist, *aber* ...« Was er dann alles unter dem »aber« aufführt, kann recht weit weg von dem sein, was die Kirche ihre Mitglieder zu glauben lehrt. So zeigen zum Beispiel Untersuchungsergebnisse in Europa, dass eine überraschend hohe Zahl von Menschen, die sich als Katholiken bezeichnen, an die Reinkarnation glaubt. Sowohl reine Exklusivisten als auch Pluralisten sind ziemlich dünn gesät.

Die gleiche Tendenz zum Inklusivismus lässt sich auch auf dem Gebiet der Moral beobachten. Der sogenannte Kulturkrieg in Amerika wird von engagierten Aktivisten sowohl auf der konservativen als auch der progressiven Seite geführt. Diese Aktivisten sind zweifellos sehr einflussreich geworden, ja sie prägen mit ihrem jeweiligen Schwergewicht die beiden großen politischen Parteien. Da es auf beiden Seiten Kräfte gibt, die starken Druck ausüben, findet der Kulturkrieg sehr real statt. Aber Umfrageergebnisse zeigen, dass die meisten Amerikaner irgendwo in der Mitte liegen, wenn es um die meisten der heißen Themen geht, um die der Konflikt entbrannt ist. Die meisten Amerikaner sind gegen die Abtreibung und möchten sie einschränken, aber sie wollen sie nicht wieder für illegal erklären. So kommt es auch, dass die meisten Amerikaner die Homosexualität ablehnen, aber bereit sind, zivile Partnerschaften von gleichgeschlechtlichen Paaren zuzulassen (solange diese nicht »Ehen« genannt werden). In der Moral wie in der Religion scheuen die meisten Menschen den vollständigen Relativismus, aber sie sind genauso misstrauisch gegenüber jeder absolutistischen Behauptung dieses oder jenes Wertesystems oder Weltbilds.

Was ist mit »Dialektik der Relativierung« gemeint?

Aus der bisherigen Beschreibung ließe sich schließen, dass der Prozess der Relativierung einlinig und unerbittlich voranschreite. Genau den gleichen Schluss könnte man auch aus der vorausgehenden Theorie der Modernisierung ziehen. Aber weder bei der Modernisierung noch für die mit ihr einhergehende Relativierung ist dies der Fall. Vielmehr führt die Relativierung in eine Dialektik, dank derer sie unter bestimmten Umständen rasch zu einer neuen Form des Absolutismus mutieren kann. Diese Dialektik richtig zu verstehen ist wichtig.

Die Relativierung wird vor allem in ihren frühen Phasen allgemein als große Befreiung erlebt. Im 19. und 20. Jahrhundert wurde diese Erfahrung in einem Großteil der europäischen und amerikanischen Literatur ausführlich beschrieben. Der Grundtypus war immer wieder die biographische Laufbahn: heraus aus einem engen, provinziellen Hintergrund, hinein in die weiten Horizonte des modernen Lebens. Sehr oft spielt in diesen Biographien die Verstädterung eine wichtige Rolle: Die Hauptpersonen ziehen aus einem Dorf oder einer Kleinstadt in die große Stadt, und dort erfahren sie die große Verwandlung zu städtischen Menschen. Ihre eingefleischten Vorurteile und abergläubischen Vorstellungen verblassen, und sie übernehmen begeistert neue Ideen und Lebensformen. Ein wesentlicher Bestandteil dieser Erfahrung ist, dass die Einzelnen sich vor ein breites Spektrum von Möglichkeiten gestellt sehen, aus denen sie auswählen können, was bislang unvorstellbar gewesen war: Sie können ihren Beruf wählen, intime Beziehungen, politische und religiöse Werte, ja sogar die Definition ihrer eigenen Identität. Es besteht kein Grund zum Zweifel, dass dieser Prozess sehr beglückend sein kann. Und sehr oft ist er das tatsächlich.

Was soll das Dialektische daran sein? Es ist Folgendes: Die Relativierung, die zunächst als gewaltige Entlastung erfahren wurde, wird nach einiger Zeit ihrerseits zur großen Last. Das Individuum blickt dann nostalgisch auf die verlorenen absoluten Wahrheiten und Werte seiner Vergangenheit zurück und sucht sich jetzt wieder neue. Die Befreiung, die es jetzt anstrebt, ist die Befreiung *von* der Last der Relativität, *von* den vielen Wahlmöglichkeiten der modernen Lebensumstände.

Die Natur dieser Last ist in einem amerikanischen Witz treffend auf den Punkt gebracht. Zugegeben, es ist kein sehr geistreicher Witz, aber für unser Thema kann er hilfreich sein. Die Geschichte spielt in einem der wärmeren Staaten der USA: Es treffen sich zwei Freunde. Der eine sagt zum anderen: »Du wirkst deprimiert. Warum bist du so niedergeschlagen? Bist du immer noch arbeitslos?« »Nein«, erwidert der andere, »das liegt an dem neuen Job, den ich seit letzter Woche habe.« »Und, was ist das für ein Job?« »Ich bin auf der Orangenplantage angestellt. Ich sitze im Schatten, unter einem Baum, und die Pflücker bringen mir die Orangen. Ich lege die ganz großen in einen Korb, die ganz kleinen in einen anderen Korb und die mittelgroßen in einen dritten Korb. Das mache ich den ganzen Tag. Ich sitze im Schatten unter dem Baum und lege die Orangen in diese Körbe.« Der Freund sagt hierauf: »Aber das hört sich doch nach einem recht bequemen Job an! Sag, was deprimiert dich daran denn so?« Und der Mann gibt zur Antwort: *»Dieses ständige Entscheiden-Müssen!«*

Im Deutschen gibt es für das, was der Orangensortierer empfindet, die treffende Formulierung von der »Qual der Wahl«. Wir Menschen empfinden einen Widerwillen gegen das ständige Wählen-Müssen. Er sitzt so tief, dass er vielleicht in der biologischen Anlage der Gattung Mensch verwurzelt ist. Das führt wohl zur Notwendigkeit dessen, was Gehlen den »Hintergrund« von Institutionen nannte. Wie wir gesehen haben, ersparen Institutionen, falls sie solide funktionieren, dem Einzelnen viele Wahlentscheidungen, zumindest in dem Bereich seines Lebens, den die betreffenden Institutionen organisieren. Aber dabei bleibt ein »Vordergrund« voller unvermeidlich zu fällender Entscheidungen. Wie hier dargelegt, weitet die Modernität diesen »Vordergrund« gewaltig aus und steigert damit also *ipso facto* die Qual der Wahl.

Auf diese Situation gibt es verschiedene Reaktionen. Vermutlich die große Mehrheit der Menschen wird mit der Last der Entscheidungen auf die gleiche Weise umgehen, wie sie mit der Unvermeidlichkeit des Sterben-Müssens umgeht: Die Menschen stürzen sich in die Geschäftigkeit des Lebens, treffen die unvermeidlichen Entscheidungen mit so wenig Reflexion wie möglich und wursteln sich durch, so gut sie können. (Und das ist ja vielleicht gar nicht das schlimmste aller denkbaren Szenarien.) Zudem gibt es dann eine typischerweise kleine Minderheit von Menschen, die tatsächlich reflektieren und dann die eine oder andere Form dafür finden, mit all diesen Wahlentscheidungen umzugehen. Was uns im vorliegenden Buch beschäftigt, ist die Menschengruppe, die auf der Suche nach einer Autorität ist, welche erklärt, was die absolute, endgültig korrekte Wahlentscheidung ist.

Erich Fromm untersuchte die Psychologie des Totalitarismus in einem Buch mit dem Titel *Die Furcht* (im englischen Original: *die Flucht*) *vor der Freiheit*. Bezüglich Fromms psychoanalytischer Unterstellungen mag man zum Teil seine Zweifel haben, aber diesen Titel hat er treffend gewählt, denn totalitäre Bewegungen leben tatsächlich vom Versuch, vor der Last der Freiheit zu fliehen. Der Totalitarismus ist in der Tat eine Art Befreiung. Er bietet dem von »diesem ständigen Entscheiden-Müssen« verwirrten und verschreckten Individuum das trostvolle Geschenk, dass es wieder absolute Glaubensvorstellungen und Werte gibt. Weiter oben haben wir bereits Jean-Paul Sartres Aussage zitiert, dass der Mensch zur Freiheit verdammt sei. Dabei sagten wir, dass diese Aussage zwar vermutlich als Beschreibung der Situation des Menschen nicht universal gültig sei, aber zutreffend die Situation der *modernen* Menschheit beschreibe. Der neue Absolutismus ist folglich von einer leidenschaftlichen Weigerung beseelt, sich der von Sartre genannten Verdammung zu unterwerfen.

Das ist die große Verweigerung des Relativierens. Die Verfechter der verschiedenen Versionen des Neo-Absolutismus haben sehr verführerische Botschaften: »Fühlst du dich im ›Patchwork‹ der religiösen Möglichkeiten verloren? Wir bieten dir den einen wahren Glauben an. Liefere dich ihm aus, und du findest den Frieden mit dir und der Welt!« Vergleichbare Botschaften werden angeboten, um das Schwindelgefühl angesichts der unzähligen Wahlmöglichkeiten in Moral, Politik und Lebensstil zu beheben. Und die Botschaft ist nicht verlogen: Fanatiker sind tatsächlich mehr mit sich im Frieden, sind weniger hin- und hergerissen als solche, die täglich mit den Herausforderungen des Umstands zu kämpfen haben, dass alles relativ ist. Aber dieser Frieden kostet seinen Preis. Dieser Preis wird recht gut mit einem anderen Begriff von Sartre beschrieben: dem Begriff der *mauvaise foi*, der »Unaufrichtigkeit« oder »Selbstlüge«. Sartre beschreibt dies als das »Tun, als ob«, als das, was man faktisch gewählt hat, und was in Wirklichkeit das ist, was sich einem als zwingende Notwendigkeit auferlegt hat, da man gar keine andere Wahl hatte. Er liefert dafür ein anzügliches Beispiel: Ein Mann ist dabei, eine Frau zu verführen. Er schiebt seine Hand ihren Oberschenkel hinauf. Sie merkt, was er im Begriff ist zu tun, und tut nichts, um ihn aufzuhalten; sie tut, als geschähe überhaupt nichts. Mit anderen Worten: Obwohl sie die *Wahl trifft*, sich verführen zu lassen, leugnet sie, dies gewählt zu haben, indem sie so tut, als geschähe überhaupt nichts. Diese Leugnung, sagt Sartre, sei die »Unaufrichtigkeit« oder »Selbstlüge«. Und wir möchten hinzufügen: Sie steckt auch hinter der Auslieferung an ein Absolutes, die das Wesen eines jeden Fanatismus ausmacht: »Nicht *ich* habe diese Wahrheit *gewählt, sie* hat *mich* gewählt, sie hat sich mir auferlegt, und ich kann ihr nicht widerstehen.« Diese Selbsttäuschung kann zwar sehr gut funktionieren, aber dennoch bleibt immer die Erinnerung – und mag sie noch so sehr verdrängt sein –, dass man in Wirklichkeit diese »Wahrheit« *selbst gewählt* hat. Bleibt die Erinnerung hartnäckig, so kann der neue Absolutismus womöglich irgendwann zusammenbrechen – und dann setzt wieder die gleiche Dialektik ein. So steckt in jedem Relativierer ein Fanatiker, der nur darauf wartet, mit absoluter Gewissheit ans Licht zu kommen, und in jedem Fanatiker wartet ein Relativierer darauf, von allen absoluten Vorstellungen befreit zu werden. Wir werden auf diese Dialektik bei unserer Erörterung des Fundamentalismus zurückkommen.

In diesem Kapitel haben wir uns weithin auf die *Religion* konzentriert. Es ist jedoch wichtig, hier noch einmal ausdrücklich zu sagen, dass säkulare kognitive und normative Ideologien oder Weltanschauungen in der gleichen Dialektik befangen sind, mit der man die Ergebnisse des Relativierens begeistert begrüßt oder vor ihnen flieht. Die Verheißung absoluter Gewissheit kann viele Formen annehmen, von denen die Religion nur eine ist.

3 Der Relativismus

Das Relativieren ist schlicht und einfach eine Tatsache, das Ergebnis der in den vorigen Kapiteln besprochenen Entwicklungen. Man mag diese Tatsache beklagen, sich auf sie einstellen oder sie begrüßen. Der Relativismus lässt sich am besten so verstehen, dass er die letzte dieser drei Optionen bezeichnet: Es wird bejaht, dass alles relativ sei, und diesem Umstand wird ein positiver, normativer Status verliehen. Die zweite Option bezeichnet einen Standpunkt zwischen beidem: zwischen der Anerkennung, dass es so ist, und der positiven Bejahung dieses Umstands. Man begrüßt ihn noch nicht, nimmt ihn aber als unvermeidlich wahr und stellt das eigene Verhalten entsprechend darauf ein.

Wie wirkt sich das Relativieren auf die Art und Weise aus, auf die die Menschen die religiös und moralisch »Anderen« sehen?

Die progressiven Reaktionen der römisch-katholischen Kirche auf die Tatsache, dass sie ihr religiöses Monopol in den früher als »Christenheit« bezeichneten Ländern verloren hat, illustrieren recht deutlich zwei der drei oben genannten Optionen. Die wichtigste Infragestellung des einstigen Monopols war im 16. Jahrhundert die protestantische Reformation – und Rom war in keiner Weise bereit, dieses Faktum anzunehmen; vielmehr gab es sich alle Mühe, die Modernisierung zu verhindern (Option eins), wenn nötig mit Gewalt. Als sich zeigte, dass die Reformation nicht mehr auszulöschen war, hatte die kirchliche Hierarchie keine andere Wahl, als sich auf das Relativieren einzulassen (Option drei) – anfangs nicht deshalb, weil man einen Sinneswandel durchgemacht hatte, sondern weil man sich durch nicht zu ändernde Umstände dazu gezwungen sah. Unter diesen Umständen endeten die Religionskriege in Europa mit dem Westfälischen Frieden, die Inquisition verblasste zu einer relativ harmlosen Bürokratie, und in die Kommunikation mit den Protestanten zog ein Klima reservierter Höflichkeit ein. Viel später, in den 1960er Jahren, unternahm das Zweite Vatikanische Konzil mit seiner Erklärung über die Religionsfreiheit einen wichtigen Schritt weg von den alten Einstellungen in Richtung der protestantischen »getrennten Brüder«, aber selbst dies unterstützte den Relativismus nicht. Und sogar der heutige Katholizismus passt sich noch eher an das Relativieren an, als dass er es sich zu eigen macht. Falls es diesbezüglich irgendwelche Zweifel gegeben haben sollte, sprachen die jüngsten Enzykliken ein ausdrückliches Nein gegen die relativistische Option aus und erklärten klar und deutlich, die römisch-katholische Kirche sei die einzige religiöse Körperschaft, die im Besitz der vollen Wahrheit des Christentums sei.

Einer vergleichbaren Herausforderung sah sich die katholische Kirche in Lateinamerika gegenübergestellt – einem Teil der Welt, der bislang als solide katholisch galt –, als sich dort der Protestantismus (weithin in seiner pfingstlerischen Version) rasch verbreitete. Es gab einige Bischöfe, die liebend gern robuste Methoden angewandt hätten, um den sie in Frage stellenden Protestantismus loszuwerden – und tatsächlich kam es zu einigen gewalttätigen Ausschreitungen gegen protestantische Kirchen und einzelne Gläubige. Papst Benedikt XVI. sprach bei seinem ersten Besuch in Lateinamerika vom Protestantismus als einer gefährlichen Kraft (dort also ohne jede ökumenische Höflichkeit), regte aber zu keinerlei Form der Unterdrückung an; vielmehr rief er zu einer intensiven »Evangelisierungs«-Kampagne auf, um die von der katholischen Herde Abgefallenen zurückzugewinnen. Das heißt also: Der Katholizismus erkennt das Faktum der Relativierung an, und das Verhalten der Kirche hat sich entsprechend geändert, aber das Relativieren hat keine normative Billigung gefunden.

Wie in einem vorigen Kapitel dargelegt, heißt man dagegen von der pluralistischen Position zum Thema interreligiöse Beziehungen ausgehend das Relativieren als wichtige neue Phase der Religionsgeschichte willkommen. Als Beispiel dafür wurde das Werk von John Hick genannt; wir sprechen in diesem Buch vom »Relativismus«. Hier wird dem religiös Anderen nicht nur Respekt entgegengebracht und die Freiheit eingeräumt, auf andere Weise als die eigene zu glauben und seinen Glauben zu praktizieren, sondern die »andere« Weltanschauung wird als aufschlussreicher andersperspektivischer Zugang zur Realität betrachtet. Das heißt: Der »Andere« wird als Herold einer gültigen Wahrheit begrüßt.

Diese Art des Relativismus beschränkt sich nicht auf die Religion. Es gibt sie auch auf dem Gebiet der Moral. Aus relativistischer Sicht gibt es nicht nur ein einziges, universal gültiges ethisches System, sondern die moralischen Werte und Verhaltensweisen aller – jedenfalls werden virtuell alle menschlichen Kulturen als willkommene Bereicherungen der eigenen ethischen Tradition angesehen. Diese Art Relativismus wird natürlich Ausnahmen haben. So werden etwa Kulturen, die Menschenopfer, Sklaverei oder die Behandlung von Frauen als minderwertigere Menschen für legitim halten, nicht als wertvolle Beitragende zur Ethik betrachtet werden. Jede Gesellschaft muss eine Grenzlinie zwischen akzeptablem und nicht tolerierbarem Verhalten ziehen.

Diese Notwendigkeit von Grenzen tritt bei den derzeitigen Diskussionen in Europa über die Herausforderung durch den Islam sehr deutlich zutage. Manche muslimischen Verhaltensweisen werden weithin als akzeptabel betrachtet: etwa, dass man die Arbeit unterbricht, um zu beten, oder dass die Frauen ihr Haar mit Tüchern verhüllen (manche bestreiten allerdings, dass Letzteres akzeptabel sei). Andere Verhaltensweisen sind eindeutig nicht akzeptabel, wie etwa »Ehrenmorde«, Frauenbeschneidung und (in der Praxis und sogar in der Theorie) die Todesstrafe für Muslime, die zu einer anderen Religion konvertieren wollen. Aber zwischen diesen beiden Polen gibt es Grauzonen, etwa die Frage, ob Eltern ihre Töchter vom gemischten Sportunterricht abmelden dürfen oder ob Blasphemie ein strafbares Vergehen ist. Anders gesagt (um auf die früher gestellte Frage zurückzukommen): Wo liegen die Grenzen der viel beschworenen »europäischen Werte«?

Der letzte Schritt zum Lobpreis der Relativität besteht darin, über die Erkenntnis hinauszugehen, dass die Wahrheit nur schwer zu ergründen sei, und zu behaupten, schon der Begriff der Wahrheit sei sinnlos und sollte abgeschafft werden. Extreme Relativisten vertreten die Ansicht, dass es nicht nur schwierig sei, seine Voreingenommenheit zu überwinden, auf die man von seinem Platz in der Geschichte und Gesellschaft her festgelegt sei, sondern dass es ganz unmöglich und in letzter Analyse überhaupt nicht wünschenswert sei. So etwas wie eine objektive Wahrheit gebe es gar nicht, weil es keine objektiv verifizierbaren Fakten gebe. Es gebe nur unterschiedliche »Erzählungen«, die alle gleichermaßen gültig seien. Das ist die von der sogenannten postmodernistischen Theorie vertretene Ansicht, auf die in diesem Kapitel später noch genauer eingegangen werden soll.

Die Einsicht, dass Glaubensvorstellungen über die Welt vom Standpunkt des Betreffenden in Raum und Zeit immer relativ sind, ist nicht neu. Das sagten zum Beispiel schon Herodot und Ibn Khaldun, die ihrerseits durch Raum und Zeit voneinander getrennt waren. In der Geschichte des neuzeitlichen westlichen Denkens brachte diesen Gedanken als Erster Blaise Pascal mit seiner Aussage, was auf der einen Seite der Pyrenäen Wahrheit sei, könne auf ihrer anderen Seite Irrtum sein, markant auf den Punkt. In Pascals Denken hängt dies mit einer anderen berühmten Formulierung von ihm zusammen, derjenigen von der »Glaubenswette«. Da man sich der Wahrheit der Religion nie sicher sein könne (und zwar genau deswegen, weil alle Wahrheitsaussagen relativ bleiben), sei der Glaube eine Wette, bei der man in gewissem Sinn nicht verlieren könne. Denn wenn die Religion wahr sei, werde einem sein Glaube im Jenseits herrlich belohnt; und wenn sie nicht wahr sei und es kein Jenseits gebe, werde man das nie erfahren.

Die moderne westliche Philosophie begann damit, dass René Descartes im 17. Jahrhundert den Zweifel zum methodologischen Grundprinzip machte. Er sagte: Wie kann man sich angesichts der Tatsache, dass alles dem Zweifel unterliegt, irgendeiner Sache sicher sein? Descartes beantwortete diese Frage damit, dass immerhin eines nicht bezweifelt werden könne: das Ich, das zweifelt. Mit anderen Worten, er reduzierte die Suche nach Gewissheit auf die angeblich unbezweifelbare Realität des subjektiven Ichs: *Cogito ergo sum*, »Ich denke, also bin ich«. Das wurde als die große »Wende zum Subjektiven« bezeichnet und beherrschte die westliche Philosophie mehrere Jahrhunderte lang.

Zugleich wurde genau diese Idee vom Ich fortschreitend von der Einsicht in seine Relativität unterhöhlt, und es wurde behauptet, es sei keine universale Idee. Im archaischen Denken ist das individuelle Ich immer in das kollektive Ich des Clans oder Stammes eingebettet: »Ich bin, was mein Stamm ist.« Oder, um den Spruch von Descartes umzuformulieren: »Mein Stamm ist, also bin ich.« Aber selbst auf der Ebene des komplizierten Theoretisierens kann die angebliche Gewissheit des Ichs nicht als gegeben angenommen werden. In den Upanishaden, den Heiligen Schriften, die wohl den Gipfel des hinduistischen Denkens darstellen, ist das individuelle Selbst letztlich identisch mit der innersten Realität des Kosmos; *atman* geht im *brahman* auf. Noch radikaler ist eine der grundlegenden Aussagen aller Schulen des Buddhismus, die besagt, dass das Selbst über gar keine eigene Realität verfüge.

Was ist der Postmodernismus, und wie fügt er sich in die westliche Weltsicht ein?

Im modernen westlichen Denken ist das sich vertiefende Gefühl, dass alles relativ sei und folglich alle Definitionen der Relativität fragwürdig seien, mit drei überragenden Gestalten verbunden, deren Denken bis heute einen gewaltigen Einfluss ausübt: Marx, Nietzsche und Freud. Marx (der in einem früheren Kapitel als einer der Begründer der modernen Soziologie erwähnt wurde) behauptete, alle Wahrheitsvorstellungen seien relativ zur Stellung des Einzelnen in der Klassengesellschaft. Ideen seien die »Superstruktur«, die von der »Substruktur« des fortwährenden Klassenkampfes determiniert werde. Nietzsche sah die Relativität allgemeiner in Begriffen des Willens zur Macht. Er behauptete, Ideen seien die Waffen im Kampf um die Macht. Freud hingegen betrachtete die Ideen als Rationalisierungen unbewusster Gelüste. Alle drei Denker entwickelten das, was Nietzsche »die Kunst des Misstrauens« nannte. Diese gründet unvermeidlich in der Einsicht, dass die menschlichen Ideen, einschließlich der Idee des Ichs oder Selbst, immer relativ zur sozialen und psychischen Bedingung des Einzelnen sind. Diese »Kunst« wurde das gesamte 20. Jahrhundert hindurch von der Wissenssoziologie, der post-freudschen Psychologie und sogar von den Entdeckungen in der Neurologie – die untersucht, wie das menschliche Gehirn funktioniert – entwickelt. In den ersten Jahren des 20. Jahrhunderts erklärte der Philosoph Ernst Mach, die Idee des »Ichs« sei »unrettbar« geworden. Aber man kann auch sagen, dass die Relativierer fortwährend stärker relativiert werden und im Lauf dieses Prozesses der Relativismus auf Absurdes reduziert wird.

Die jüngste Phase in dieser Entwicklung der »Kunst des Misstrauens« war die sogenannte postmodernistische Theorie. Sie wurde hauptsächlich mit zwei französischen Denkern des 20. Jahrhunderts assoziiert, Michel Foucault und Jacques

Derrida. In den USA legte Richard Rorty eine etwas mildere Form dieses Ansatzes vor (er kombinierte diese Theorie mit Ideen aus der amerikanischen Tradition des Pragmatismus, insbesondere wie ihn John Dewey verbreitet hatte). Sowohl Foucault als auch Derrida räumten zwar einerseits ein, dass sie Nietzsche viel verdankten, aber andererseits wurde der Postmodernismus als eine radikale epistemologische Innovation gefeiert und angegriffen. Angesichts der oben skizzierten Ideengeschichte wird man bezweifeln können, dass der Postmodernismus einen großen epistemologischen Durchbruch darstellt (obwohl er sicher ein neues und ziemlich obskures Vokabular entwickelt hat). Wie dem auch sei, so stellt jedenfalls die postmodernistische Idee eine sehr radikale Neuformulierung der relativistischen Tradition dar.

Es gibt zwischen den drei oben erwähnten Hauptdenkern Unterschiede (und auch zwischen ihnen und Rorty, der sich ein Stück weit von seiner früheren radikalen Position distanziert hat). Aber die Hauptaussagen der postmodernen Theorie lassen sich knapp so formulieren:

Was als »Wissen« gilt, ist immer (wie Nietzsche behauptete) ein Instrument in einem Kampf um Macht. Die Aussage, dass es desinteressiertes Wissen gebe, ist abzulehnen. Es gibt außerhalb von Machtinteressen keine objektiven Fakten. Bereits der Begriff der Objektivität ist eine Illusion und ist in Wirklichkeit schon immer von spezifischen Machtinteressen determiniert. So behaupteten zum Beispiel europäische Gelehrte, über objektives Wissen über die Gesellschaften und Kulturen des Mittleren Ostens zu verfügen, aber dieses angebliche Wissen war in Wirklichkeit ein Instrument des Imperialismus und Kolonialismus. (Dieses Beispiel wurde dadurch besonders bekannt, dass Edward Said es in seinem Werk *Orientalismus* weiter entfaltet hat, welches zu einer Art Ikone der postmodernistischen Theorie wurde.)

Obwohl es keine objektiv gültigen Wissensgebäude gibt, gibt es doch verschiedene »Diskurse«, die immer im Dienst irgendeiner bestehenden oder angestrebten Machtstruktur stehen. Jeder Diskurs ist eine Gesamtheit von »Erzählungen«, »Narrativen«. So gibt es etwa ein kolonialistisches und ein antikolonialistisches Narrativ. Wenn Machtstrukturen sich ändern, muss auch das bisherige Narrativ geändert werden. So brachte zum Beispiel der japanische Nationalismus ein Narrativ des heroischen Militarismus hervor. Nach der Niederlage Japans im Zweiten Weltkrieg und der Machtübernahme durch ein demokratisches Regime in diesem Land entstand dann ein Narrativ von Japan als friedlicher Nation. Seither liegen das alte und das neue Narrativ im Wettstreit, und die Diskussion darüber, welches das korrekte Narrativ über die japanische Geschichte sei, war in der Innenpolitik (wenn es zum Beispiel um den Text in Geschichtsbüchern für die Schulen ging) genauso wie in der Außenpolitik (als etwa China und Südkorea energische Einsprüche gegen die Art vorbrachten, in der der japanische Imperialismus in diesen Geschichtsbüchern dargestellt wurde) immer wieder ein heißes Thema. Weil alle Narrative gleichermaßen gültig sind, zumindest grundsätzlich, ist es müßig, darüber zu diskutieren, welches Narrativ der Wahrheit näherkommt. Stattdessen muss man alle Narrative »dekonstruieren«, das heißt, man muss aufzeigen, wie sie in diesem oder jenem Machtinteresse gründen. Das treibt die Relativität ins Extreme. Die radikalsten Postmodernisten (vor allem Derrida) haben die Meinung vertreten, man müsse von dem Vorhaben ablassen, die Wahrheit mittels Verstand und empirischer Wissenschaft zu finden. (Derrida nennt dieses Projekt »Logozentrismus«.) Da nun aber dieses Projekt für die Modernität zentral ist, wird verlangt, sie ganz aufzugeben. Anders gesagt: Es wird behauptet, man müsse die Aufklärung ablehnen.

Wie vermeiden es die Relativisten, sich selbst zu relativieren?

Alle Versionen des Relativismus haben ein Problem gemeinsam: Wie bringen relativistische Denker es fertig, ihr eigenes Denken aus der relativistischen »Dekonstruktion« herauszuhalten? Schließlich hat ja auch jeder Relativist seinen bestimmten Ort in Raum und Zeit, und wenn der Ansatz dieses Denkers stimmt, muss dieser Ort auch sein Denken determinieren, so wie es der Ort jedes anderen Denkers auch tut. Anders gesagt, das Denken des Relativisten ist nur eines unter vielen anderen »Narrativen«, die genauso gültig sind wie seines. Zur Lösung dieses Problems ist in verschiedenen Versionen des Relativismus das vorgeschlagen worden, was man zuweilen als »epistemologische Elite« bezeichnet: eine auserwählte Gruppe von Menschen, denen man unterstellt, dass sie von den Verheerungen des Relativismus ausgenommen seien. Diese Elite sei der einzige Hüter der Wahrheit; alle anderen »packten es einfach nicht«. Es ist überflüssig, zu sagen, dass die einzelnen relativistischen Denker behaupten müssen, sie seien Mitglieder dieser Elite und folglich Mithüter der Wahrheit.

Die Geschichte des Marxismus veranschaulicht recht deutlich (und auf ziemlich amüsante Weise), wie man das relativistische Denken vor der relativistischen Dekonstruktion bewahren kann, und führt verschiedene Lösungsversuche vor Augen. Das Denken von Marx ist höchst relativistisch: Ideen seien nicht an sich zu verstehen, sondern nur als ideologischer Ausdruck von Klasseninteressen. Wer sie nicht auf diese Weise verstehe (also all jene, die andere Ideen als diejenigen von Marx vertreten), sei in »Selbsttäuschung« befangen. Wer also verfügt über ein von Täuschung *freies* Bewusstsein? Mittels einer ziemlich gewundenen Argumentationsweise schreibt Marx dieses Bewusstsein dem Proletariat zu, das kraft seiner unterdrückten Situation von ideologischen Verzerrungen frei sei. Das mit dem richtigen Bewusstsein ausgestattete Proletariat werde dadurch ermächtigt, zum Träger der Revolution zu werden. Es ist unklar, wie Marx als Individuum makellos bürgerlicher Herkunft, der fast während seiner ganzen Laufbahn vom erfolgreichen Kapitalisten Friedrich Engels finanziell unterstützt wurde, es fertigbrachte, zum Mitglied der gerade genannten Elite zu werden. Vermutlich kann man eine Art Ehrenproletarier sein (oder, wenn man so will, dank Adoption zum Proletarier werden). Ein weiteres vielsagendes Beispiel dafür ist der von Neo-Marxisten sehr in Ehren gehaltene Schriftsteller Georg Lukács, ein sehr wohlhabender Sprössling der ungarischen Bourgeoisie.

Die nachfolgende Geschichte des Marxismus zeitigte verschiedene Versuche, mit einer sehr unbequemen Tatsache zurechtzukommen: nämlich, dass das Proletariat darin versagte, das Bewusstsein zu entwickeln, das die marxistische Theorie ihm zugeschrieben hatte. Statt zur Trägerin der Revolution zu werden, schloss sich die Arbeiterklasse in den entwickelten kapitalistischen Ländern sozialdemokratischen Parteien und/ oder Gewerkschaften an, die darauf aus waren, das kapitalistische System eher zu reformieren, als die Massen zu seinem Umsturz zu mobilisieren. Die erste erfolgreiche marxistische Revolution fand in Russland statt, einem Land mit einer sehr kleinen Arbeiterklasse. Diese Revolution wurde von bürgerlichen Intellektuellen wie Lenin und Trotzki angeführt. Diese mobilisierten ihre Truppen aus der bäuerlichen Bevölkerung und aus Randgruppen (jenen Kreisen, die Marx das »Lumpenproletariat« nannte, das oft mit der kriminellen Unterwelt gleichgesetzt wurde). Die unpassende Tatsache, dass das Proletariat nicht richtig mitmachte, führte zu einer schlichten Notwendigkeit: Die epistemologische Elite musste man anderswo lokalisieren.

Lenin lokalisierte sie in der Kommunistischen Partei, die angeblich »die Speerspitze des Proletariats« sei. Wenn die Arbeiterklasse ihre revolutionäre Mission nicht erfüllen konnte oder wollte, würde das eben die Partei in ihrem Namen tun. Diese neue Interpretation war natürlich politisch sehr nützlich: Die Partei wurde zur einzigen Hüterin der Wahrheit; alles, was von der Parteilinie abwich (selbst wenn diese Linie sich dramatisch veränderte), war *ipso facto* falsches Bewusstsein und damit Selbsttäuschung. Die alles beherrschende Maxime war ganz einfach: Die Partei hat immer recht. Die intellektuellen Verbiegungen, zu denen diese Maxime führte, finden sich reichlich in der Literatur der Stalin-Ära dokumentiert, die das leninistische Parteiverständnis in seine logischen und massiv mörderischen Konsequenzen trieb. Ein klassisches Beispiel für diese Literatur ist Arthur Koestlers Roman *Sonnenfinsternis*. Er spielt zur Zeit der blutigen Säuberungen der 1930er Jahre. Die Hauptperson, ein hingebungsvoller Kommunist, bekennt eine lange Liste von Verbrechen gegen den Sowjetstaat und weiß dabei sehr wohl, dass alle Anklagen gegen ihn falsch sind und seine Hinrichtung unvermeidlich ist. Er bekennt diese erfundenen Verbrechen bei einem der zur damaligen Zeit so üblichen Schauprozesse. Und er tut das nicht, weil er gefoltert, weil seine Familie bedroht oder weil ihm Milde versprochen worden wäre; nein, er tut das, weil ihn derjenige, der ihn verhört hatte, davon überzeugt hatte, dass dies der letzte große Dienst sei, den er der Partei erweisen könne, der er sein Leben lang treu gedient habe! Es gibt natürlich religiöse Parallelen zu dieser Art von ideologischem Masochismus: Die unfehlbare Partei hatte einfach den Platz der unfehlbaren Kirche eingenommen. Man denke nur an den Ausspruch von Ignatius von Loyola: Wenn er etwas Weißes sähe, aber die Kirche verkünden sollte, es sei schwarz, dann würde er mit Freuden beipflichten, es sei schwarz.

Es überrascht nicht, dass sich Marxisten mit einem humanistischeren Zug von Lenins selbstgefälligem Parteibegriff abgestoßen fühlten. Die kurz nach dem Ersten Weltkrieg von Nationalisten des rechten Flügels ermordete, kommunistische Aktivistin Rosa Luxemburg hatte eine andere Lösung für das Problem der epistemologischen Elite gefunden: Die Elite werde sich bei den Angehörigen der »Kolonialvölker« finden, also bei denen, die man viel später als die Menschen in der »Dritten Welt« bezeichnen würde. Aus dieser Sicht stellt die gesamte entwickelte Welt einschließlich der um Reformen bemühten Arbeiterklasse die »Bourgeoisie« dar. Der Klassenkampf spiele sich zwischen ihr und dem neu erfundenen »Proletariat« in den Kolonien ab.

Rosa Luxemburgs Ideen hatten zu ihrer Zeit keine großen Auswirkungen, aber in der Ära nach dem Zweiten Weltkrieg erhielten sie in den Diskussionen um die Dritte Welt noch einmal Aufschwung. Westliche Marxisten (ja Linksorientierte und Kulturkritiker im Westen ganz allgemein) machten sich auf, die Wahrheit in revolutionären Bewegungen in Lateinamerika, Afrika und Asien zu suchen. Sich auf Marx berufende Befreiungstheologen überredeten lateinamerikanische Bischöfe dazu, zu verkünden, dass die Kirche eine »vorrangige Option für die Armen« haben müsse. Dieser Vorrang wurde zwar im Allgemeinen in politischen Begriffen formuliert (»Die Kirche sollte sich immer mit den Anliegen der Armen solidarisieren«), zuweilen jedoch auch epistemologisch (»Die Armen haben immer recht«). Die letztere Maxime führte zu einigen bemerkenswerten intellektuellen Verbiegungen: Anführer verschiedener blutiger und korrupter Bewegungen in Entwicklungsländern fanden begeisterte Unterstützung, weil sie behaupteten, im Namen der Armen zu agieren. Da spielte es keine Rolle mehr, dass die Armen die Vertreter dieser Bewegungen gar nicht gewählt hatten, damit diese für sie sprachen – genauso wenig wie die Arbeiterklassen von Europa und Nordamerika die Kommunistische Partei als ihre »Speerspitze« gewählt hatten.

Einer der sympathischsten marxistischen Humanisten dürfte Antonio Gramsci sein. Viele seiner Werke schrieb er im Gefängnis, wo er unter dem faschistischen Regime in Italien lange Zeit verbrachte. Seine Lösung für das Problem, dass die

Relativierer selbst relativiert werden, war noch phantasievoller als die von Lenin und Luxemburg. Sie war zugleich verwirrend selbstgefällig: Die epistemologische Elite sollte vor allen Dingen die *intelligentsia* sein. Um zu diesem Schluss kommen zu können, hatte Gramsci das Modell von Substruktur/Superstruktur des klassischen Marxismus abwandeln müssen. Traditionellerweise wurde die Superstruktur (die die Welt der Ideen umfasst, und dazu auch alles andere, was mit dem Begriff »Kultur« gemeint ist) so verstanden, dass sie direkt von der Substruktur (im Wesentlichen dem Klassensystem und seinen Konflikten) determiniert sei. Lenin war so weit gegangen, die Superstruktur als direkte »Reflexion« der Substruktur zu bezeichnen. Gramsci lehnte diesen Determinismus ab und vertrat die Ansicht, die Superstruktur habe eine eigene Dynamik und könne umgekehrt auf die Substruktur einwirken. Die Träger dieser Dynamik seien natürlich die Intellektuellen. Es überrascht nicht, dass diese Ansicht in intellektuellen Kreisen und vor allem bei Studenten sehr beliebt wurde. In den Aufständen der späten 1960er Jahre in Europa und den USA definierten viele der rebellierenden Studenten ihre soziale Rolle im Wesentlichen mit Gramscis Begriffen: Sie seien die wirklich authentischen Revolutionäre. Zu einem ähnlichen Schluss, wenn auch auf einem anderen Weg, kam Karl Mannheim. Mannheim, ein in Ungarn geborener Gelehrter, brachte die sogenannte Wissenssoziologie in die englischsprachige Welt ein. Er vertrat, dass alles menschliche Wissen (möglicherweise ausgenommen die reine Mathematik) von seinem sozialen Kontext bedingt, das heißt historisch und sozial relativ sei. Aber, so behauptete er, eine Gruppe sei davon ausgenommen: die *intelligentsia*. Diese Gruppe bezeichnete er als »die freischwebende Intelligenz«. Nach seiner Ansicht verdankte sie ihre Immunität gegenüber dem Relativiertwerden der Abwesenheit von Klasseninteressen. Diese Abwesenheit gebe der *intelligentsia* die Freiheit, ohne Selbsttäuschung auf die Realität zu blicken. Mannheim war klar, dass nicht alle Intellektuellen diese Rolle ausübten, aber er stellte seine Behauptung als normative Möglichkeit auf.

Nietzsche lokalisierte die epistemologische Elite im mystischen Ideal des »Übermenschen«, der dank der asketischen Reinheit seines Denkens über den vulgären Interessen stehe. Nietzsche war kein Soziologe, und so spezifizierte er die soziale Verortung dieser höherstehenden Gattung nicht; vermutlich ist sein »Übermensch« so zu verstehen, dass er erst in Zukunft auftreten wird. Diese Vorstellung wurde von den Nationalsozialisten aufgegriffen, die die Überlegenheit des »Übermenschen« rassistisch definierten. Für diese Instrumentalisierung seines Denkens kann man Nietzsche jedoch nicht verantwortlich machen.

Freud, ein weiterer großer Relativierer, betrachtete die Psychoanalyse als den Ausweg aus dem falschen Bewusstsein der Verdrängung und Rationalisierung. In freudscher Begrifflichkeit ist die epistemologische Elite die Gemeinschaft der Psychoanalysierten. Diese Sicht liefert eine höchst effiziente Methode zur Beseitigung kognitiver Dissonanz: Jeder, der die Erkenntnisse der Psychoanalyse in Frage stellt, »sperrt« sich gegen ihre unbequemen Wahrheiten; nur diejenigen, die die Feuerprobe der Analyse durchgemacht haben, können diese Wahrheiten verstehen – die anderen »kapieren sie einfach nicht«.

Und die postmodernistische Theorie? Für die Postmodernisten dürfte die Elite aus denjenigen bestehen, die es geschafft haben, den geheimen Jargon dieser Denkschule zu beherrschen. Jeder junge Akademiker, der sich um eine Anstellung etwa in einer Literaturfakultät bemüht, wird das unmittelbar verstehen.

Die Formulierung »Du kapierst das einfach nicht« – solange du nicht einer von uns bist – hat sich weit über den Rahmen dieser oder jener Denkschule hinaus verbreitet. Es gibt zum Beispiel eine feministische Ideologie, zu der die Auffassung gehört, man müsse Frau sein, um die Wahrheit der

Unterdrückung der Frau begreifen zu können. Genauso gibt es eine Ideologie des »black consciousness«, des »Bewusstseins der Schwarzen«, derzufolge nur Afro-Amerikaner die Anliegen von Afro-Amerikanern verstehen können. Man kann alles einsetzen: Geschlecht, sexuelle Präferenz, Rasse, Ethnie oder jegliche andere kollektive Identität, und immer kann man von der bezeichneten Gruppe her die relativierende Formulierung zu hören bekommen: »Du kannst das gar nicht verstehen.«

Was ist am Relativismus falsch?

Das Wesentliche, was am Relativismus falsch ist, ist seine Epistemologie. Einfach gesagt: In allen Versionen des Relativismus wird in übertriebener Weise betont, wie schwierig es sei, die Wahrheit zu erkennen – zumindest insofern, als es Wahrheit gibt, die man empirisch suchen kann. Es gibt in dieser Welt *Fakten*, und wenn man darum bemüht ist, Fakten sicherzustellen, ist auch *Objektivität* möglich.

Die Faktizität der physisch/physikalischen Realität ist für jeden augenscheinlich, der nicht in philosophischen Abstraktionen befangen ist. In einer berühmten Anekdote aus der Philosophiegeschichte wird erzählt, Bischof Berkeley habe auf einem Spaziergang Dr. Johnson erklärt, es gebe keine Möglichkeit, die Aussage zu widerlegen, dass die Außenwelt nur eine Fiktion unserer eigenen Einbildung sei. Darauf habe Dr. Johnson einen Stein über die Straße gekickt und ausgerufen: »Hiermit widerlege ich sie!« Ein gesund denkender Mensch kann sich der physischen Tatsache versichern, dass ein Stein auf der Straße liegt – und das unabhängig von Klasse, Rasse oder Geschlecht.

Es gibt auch soziale Fakten, die sich beweisen lassen. Eine der grundlegenden Aussagen bei der Entwicklung der Soziologie war Émile Durkheims Anweisung, »soziale Fakten als

Sachen zu betrachten«. Und was ist eine Sache? Alles, was unseren Wünschen Widerstand leistet und sich uns aufdrängt, ob wir das mögen oder nicht. Diese sach-hafte Qualität umfasst alle funktionierenden Institutionen, angefangen bei der Sprache. So mag jemand, der eine Fremdsprache lernt, dagegen aufbegehren, dass deren Grammatik unlogisch ist, ihre Aussprache schwierig usw. Der Sprachlehrer mag zur Antwort geben: »Tut mir leid, aber so ist die Grammatik und die Aussprache dieser Sprache nun einmal – und am besten lernen Sie sie trotzdem, wenn Sie sich darin verständlich machen wollen.« Nun wissen wir, dass eine Sprache sich genau wie alle anderen Institutionen auch ändern lässt und sie zuweilen vorsätzlich geändert wird. Aber solange in einer Gesellschaft Institutionen fest etabliert sind, haben sie an dieser Qualität des Faktischseins teil. Nehmen wir beispielsweise das Gesetz. Auch hier kann man der Meinung sein, es sei unlogisch, unklar, unmoralisch. Darauf kann ein Richter genau die gleiche Antwort geben wie der Lehrer zum Thema Grammatik: »Tut mir leid, aber ob Ihnen das recht ist oder nicht, so ist nun einmal das Gesetz, das für Ihren Fall gilt.«

Wie bereits erwähnt, gibt es bei den Postmodernisten den viel benutzten Begriff der »Narrative«. Von diesen behaupten sie, sie stünden jenseits der Überprüfbarkeit durch eine angeblich illusionäre Realität »da draußen«. Im 19. Jahrhundert definierte der Historiker Leopold von Ranke die Geschichtswissenschaft als das Bemühen, zu verstehen, »wie es wirklich geschehen ist«. Postmodernisten lehnen diese Vorstellung als illusionär und vermutlich auch als unerwünscht ab. Laut den Postmodernisten gibt es keine Fakten, sondern nur Narrative, die alle epistemologisch gleichwertig sind (obwohl, wie wir gesehen haben, manche Narrative epistemologisch privilegiert sind, etwa diejenigen des Proletariats, der Psychoanalysierten usw.).

Zum genaueren Verständnis der Natur von Faktum und Narrativ sei hier ein Ereignis etwas genauer in Augenschein genommen, das zur Zeit dieser Niederschrift für die Beziehung zwischen Japan und China sehr relevant ist, die sogenannten Vergewaltigungen von Nanking. Eine Reihe Historiker hat sich alle Mühe gegeben, herauszufinden, was damals genau passierte. Es gibt erdrückende Belege dafür, dass die japanischen Truppen nach der Einnahme dieser damaligen Hauptstadt Chinas eine Orgie des Mordens, Vergewaltigens und Plünderns veranstalteten. Tausende von Zivilisten wurden getötet. Kann jemand diese Fakten leugnen und ihnen bloß die Qualität eines Narrativs zusprechen? Ist dann angesichts der Tatsache, dass es dafür ein japanisches und ein chinesisches Narrativ gibt, die Frage müßig, welches davon den Fakten näherkommt? Die gleiche Frage lässt sich bezüglich des Holocausts stellen: Gibt es dafür *Fakten*, oder lässt sich da nur ein Nazi-Narrativ neben ein jüdisches Narrativ stellen? Das Einzige, was der Postmodernist damit tun kann, ist, jedes Narrativ daraufhin zu »dekonstruieren«, dass er die Machtinteressen aufdeckt, die es legitimiert. (Wenn man sich das genau überlegt, war der damalige Propagandaminister der Nazis, Joseph Goebbels, ein verfrühter Postmodernist, denn er hatte erklärt: »Wahrheit ist, was dem deutschen Volke dient.«)

Zugegeben, es ist oft schwierig, zu einem objektiven Bericht über die Fakten zu gelangen. Dem stehen die Interessen und Vorurteile eines jeden Beobachters im Weg. Aber das ist kein Grund, sich nicht um Objektivität zu bemühen, so sehr auch dieses Bemühen wiederum von eigenen Interessen und Vorurteilen beeinträchtigt sein kann. Es gibt einen einfachen Test, ob das Bemühen erfolgreich war: Wenn sich ein Beobachter von den Belegen gezwungen sieht, Aussagen über Fakten zu machen, die seinen Interessen oder Vorurteilen zuwiderlaufen, ist dieser Beobachter höchstwahrscheinlich objektiv.

Nun beziehen sich diese Überlegungen auf Fakten, die empirisch verifiziert werden können – etwa von einem Physiker,

Historiker oder Sozialwissenschaftler. Aber es gibt auch Wahrheitsbehauptungen moralischer oder religiöser Art, die *nicht* empirisch untersucht und eingeschätzt werden können. Der Historiker kann nicht entscheiden, ob Sklaverei moralisch tadelnswert war; der Sozialwissenschaftler kann die Existenz Gottes weder verifizieren noch widerlegen. Aber auch auf diesem Gebiet kann der Verstand dazu eingesetzt werden, um Urteile über die Plausibilität dieser oder jener Moralvorstellung oder Religion zu fällen. Auf dieses Thema werden wir in diesem Buch später noch einmal zurückkommen.

In den Sozialwissenschaften hat sich für die Kennzeichnung eines postmodernistischen Ansatzes der Begriff »Konstruktivismus« eingebürgert: Es gibt keine objektiven Fakten, sondern nur interessengetriebene »Konstruktionen«. Höchstwahrscheinlich sollte mit diesem Begriff zunächst nur auf das Buch *Die gesellschaftliche Konstruktion der Wirklichkeit* von Peter Berger und Thomas Luckmann (1966) angespielt werden. Genau wie Marx angeblich gesagt haben soll: »Ich bin kein Marxist«, haben auch Berger und Luckmann wiederholt verkündet: »Wir sind keine Konstruktivisten.« Der Vergleich zwischen der postmodernistischen Theorie und der Neuformulierung der Wissenssoziologie durch Berger/Luckmann ist für die Klärung dessen, was der Postmodernismus genau meint, nützlich. Vielleicht war das Wort »Konstruktion« für ihr Buch unglücklich gewählt, da es eine Erschaffung aus dem Nichts unterstellt – so als sage man: »Es gibt nichts als unsere Konstruktionen.« Aber das war nicht die Absicht der Autoren; sie waren viel zu stark von Durkheim beeinflusst, um eine solche Sicht unterschreiben zu können. Was sie behaupteten, war, dass die gesamte Realität sozial abgeleiteten *Interpretationen* unterliege. Dagegen wird im Großteil der postmodernistischen Theorien die Meinung vertreten, alle Interpretationen seien gleichermaßen gültig – was natürlich das Ende jedes wissenschaftlichen Ansatzes zur Erforschung der menschlichen Geschichte und Gesellschaft einläuten würde. Und manche postmodernistischen Theoretiker haben behauptet, nichts existiere außer oder außerhalb dieser Interpretationen – was ziemlich nahe an die klinische Definition der Schizophrenie herankommt, also eines Zustands, in dem man unfähig ist, die Realität von seinen Phantasien unterscheiden zu können. Einfach gesagt: Es liegen Welten zwischen dem Postmodernismus und jeder Wissenssoziologie, die sich als empirische Wissenschaft versteht.

Alle Formen des Relativismus stehen im Widerspruch zur Erfahrung des gesunden Menschenverstands im Alltagsleben (den genau Dr. Johnson einsetzte, als er den Stein wegkickte). Der gesunde Menschenverstand ist sich einer äußeren Realität bewusst, die unseren Wünschen Widerstand leistet und auf die man mittels vernünftiger Verfahren objektiv Zugriff hat. Selbst ein postmodernistischer Theoretiker hält sich in den Verrichtungen seines Alltagslebens an diese Unterstellung. Angenommen, ein Postmodernist konsultiert seinen Arzt. Er möchte wissen, ob ein Tumor gut- oder bösartig ist. Dabei erwartet er vom Arzt, dass dieser seine Antwort aufgrund von objektiven Diagnosemethoden gibt, und zwar ohne Rücksicht auf die persönlichen Gefühle seines Patienten. Oder nehmen wir an, eine Studentin hat ihre Abschlussarbeit eingereicht. Sie erwartet, dass ihr Professor diese Arbeit »fair« beurteilt, das heißt objektiv und ohne Rücksicht auf irgendwelche persönlichen Gefühle. Ganz unabhängig davon, zu welchen Theorien sie neigt, wird die Studentin energisch protestieren, falls ihr der Professor die Arbeit mit einer miserablen Note zurückgibt und darunter vermerkt hat: »Ich finde Sie absolut unsympathisch. Darum lasse ich Sie durchfallen.« (Eher nicht protestieren würde sie, wenn er darunter vermerkt hätte: »Da ich Sie sehr sympathisch finde, gebe ich Ihnen eine Eins.« Aber das Prinzip ist das Gleiche.) In einer Theorie, die der augenscheinlichen Erfahrung des Alltagslebens widerspricht, steckt der Wurm. Der Zweck einer Theorie ist, die Erfahrung zu *erhellen*, und nicht, sie zu leugnen.

Diese zuletzt unternommene Erörterung könnte die Leserinnen und Leser zu der Annahme verleiten, der Relativismus sei hauptsächlich ein Zeitvertreib von Theoretikern. Das wäre ein schweres Missverständnis. In Wirklichkeit ist nämlich der Relativismus massiv ins Alltagsleben eingedrungen, insbesondere in den westlichen Gesellschaften. Der Grund dafür ist nicht, dass viele Menschen sich zu relativistischen Theorien bekehrt hätten (obwohl das vermutlich bei jener zunehmenden Zahl von Menschen der Fall sein kann, die ein Bildungssystem durchlaufen, in dem die Lehrer relativistische Ideen verbreiten). Der gängige Relativismus ist eher das Ergebnis davon, dass immer mehr Menschen die weitreichenden Auswirkungen jener in einem früheren Kapitel dieses Buches besprochenen Pluralität erfahren. Geschichte ist nicht das Ergebnis theoretischer Seminare, sondern ereignet sich aus der lebendigen Erfahrung einer Vielzahl von Menschen, von denen die meisten die von den Intellektuellen diskutierten Theorien überhaupt nicht kennen und sich auch gar nicht für sie interessieren. Und so wird der Relativismus nicht mittels der Propaganda von Intellektuellen verbreitet, sondern über unzählige Diskussionen am Arbeitsplatz, über Gartenzäune hinweg und sogar von Kindern aus unterschiedlichen Familienverhältnissen, die einander im Kindergarten begegnen.

Wir haben vertreten, der Relativismus sei epistemologisch mangelhaft. Er ist zudem politisch gefährlich. Dazu können wir wiederum auf eine zentrale Einsicht von Émile Durkheim zurückgreifen: Ohne einige gemeinsame Werte kann eine Gesellschaft nicht zusammenhalten (er sprach in diesem Zusammenhang vom »kollektiven Bewusstsein« der Gesellschaft). Ohne diese beginnt eine Gesellschaft auseinanderzufallen, weil die Verhaltensweisen, für die sich die Individuen entscheiden, vollständig willkürlich werden. Moralisches Verhalten ist dann eine Frage der eigenwilligen Vorliebe und hört auf, Gegenstand der öffentlichen Diskussion zu sein: »Du glaubst, Sklaverei sei in Ordnung; ich glaube das nicht. Du hast das Recht auf deine Meinung. Ich will nicht richten. Ich werde nicht versuchen, dir meine Ansichten aufzuzwingen.« Das war gar nicht so zufällig eine immer wieder von amerikanischen Politikern vertretene Position: »Ich halte Abtreibung für Mord – aber ich werde nicht versuchen, meine Ansicht anderen aufzuzwingen.« Diese Position ist nicht nur intellektuell inkohärent (und ziemlich sicher unaufrichtig); sie impliziert zudem, dass das öffentliche Leben nichts mit Moral zu tun haben sollte. Natürlich werden die besagten Politiker das bestreiten, aber dennoch bleibt es so.

Der Relativismus mit seiner eher individuellen als kollektiven Moral ist eine Einladung zum Nihilismus. Er lässt sich auch als Dekadenz beschreiben: Das ist die Definition einer Situation, in der die Normen, die die Gesellschaft zusammenhalten, ausgehöhlt, illusorisch und geradezu lächerlich geworden sind und (was das Wichtigste ist) das Vertrauen untergraben haben, dass andere Menschen sich gemäß kollektiv geteilter Normen verhalten werden. Eine dekadente Gesellschaft hat nicht mehr viel Zukunft: Ihr fehlt der Wille, sich gegen ganz reale Gefährdungen ihrer bloßen Existenz zu verteidigen.

4 Der Fundamentalismus

Der Begriff »Fundamentalismus« wurde im Diskurs der letzten Jahre in der Wissenschaft, in den Medien und in der Umgangssprache sehr schwammig verwendet. So wurden muslimische Selbstmordattentäter, evangelikale Missionare und observante orthodoxe Juden gleichermaßen als »Fundamentalisten« bezeichnet. Diese breite Verwendung beeinträchtigt die Wahrnehmung schwerwiegend. Zuweilen scheint es geradezu, als ereile jegliche leidenschaftliche religiöse Hingabe unvermeidlich das Schicksal, als »fundamentalistisch« abgestempelt zu werden. Angesichts dessen dürfte es hilfreich sein, sich den Ursprung dieses Begriffs anzusehen, der in einem sehr spezifischen Milieu des amerikanischen Fundamentalismus entstand.

Wie entstand der Begriff »Fundamentalismus«?

Im frühen 20. Jahrhundert setzten zwei reiche Laien in Los Angeles eine Summe von 250 000 Dollar aus (was damals eine ungeheure Summe war), um damit die Herstellung und Verbreitung einer Reihe von Traktaten zu finanzieren, mit denen der konservative Protestantismus gegen die Attacken seitens der liberalen, modernisierenden Theologie verteidigt werden sollte. Dabei ist es wichtig, zu sehen, dass sogar schon damals dieses Unternehmen *reaktiver* Natur war, also eine Reaktion gegen Strömungen darstellte, die als Bedrohung der religiösen Wahrheit gebrandmarkt wurden. Diese Traktate-Reihe erhielt den Titel *The Fundamentals* (»Die grundlegenden Wahrheiten«). Ab 1910 wurden insgesamt zwölf Broschüren herausgebracht und in großer Zahl verteilt. Zur Zeit des Erscheinens des zwölften Bandes kurz vor Ausbruch des Zweiten Weltkriegs waren drei Millionen Broschüren verteilt, die das in Gang setzten, was man später als die fundamentalistische Bewegung im englischsprachigen Protestantismus bezeichnete.

Diese Bewegung war sowohl ökumenisch als auch international. Obwohl die darin vorgestellte Orthodoxie im Wesentlichen reformiert war (diese Richtung wurde damals am entschiedensten vom Theologischen Seminar in Princeton vertreten), gehörten zu den Autoren auch Presbyterianer, Anglikaner und Baptisten sowohl aus den USA als auch aus Großbritannien. Natürlich gab es zwischen den Autoren signifikante Unterschiede. Doch trotz dieser Unterschiede gab es eine Zahl von gemeinsamen Themen, die diese Bewegung definierten: die Betonung, dass die einzige Autorität die Bibel sei; dass alle in ihr erzählten übernatürlichen Ereignisse wahr seien; dass der Mensch der Bekehrung und der persönlichen Beziehung zu Jesus Christus bedürfe und sich an einen strikten Moralkodex halten müsse. Diese Themen sind weiterhin zentral für die breite und ziemlich vielfältige Gemeinschaft der sogenannten »Evangelikalen« in den USA und in Großbritannien, wobei die meisten Mitglieder dieser Gemeinschaft den Begriff »fundamentalistisch« ablehnen. Die Bezeichnung »fundamentalistisch« ist sogar in ihrem ursprünglich amerikanisch-protestantischen Kontext ziemlich zweifelhaft und verdeckt signifikante Unterschiede. Noch zweifelhafter wird sie, wenn sie auf Muslime oder Juden, Hinduisten oder Buddhisten angewandt wird. Und erst recht zweifelhaft wird ihre Verwendung, wenn man dann auch noch von *säkularen* »Fundamentalisten« spricht und damit eine Fülle völlig unterschiedlicher ideologischer Zugehörigkeiten bezeichnet, die oft eine leidenschaftliche Militanz entwickeln, welche derjenigen bestimmter religiöser Bewegungen gleicht.

Das ist ein Problem, das Sozialwissenschaftler nur allzu gut kennen: Begriffe werden sowohl im alltäglichen als auch im akademischen Sprachgebrauch völlig schwammig, wenn sie überall Eingang finden. Damit kann man auf die eine oder andere Art zurechtkommen. Individuen oder Gruppen können derartige Begriffe vollständig meiden und ihre eigene, neue, scharf definierte Terminologie schaffen. (Solche Terminologien gehen typischerweise mit der üblichen Sprache ziemlich barbarisch um; und noch schlimmer: Sie machen die Schriften der Sozialwissenschaftler für nicht Eingeweihte unverständlich – es entsteht eine Art Geheimsprache.) Die Alternative dazu ist, die Begriffe so zu übernehmen, wie sie allgemein gebraucht werden, aber sie inhaltlich zu schärfen, um die soziale Wirklichkeit, auf die sie sich beziehen, besser verstehen zu können. Dieser Herangehensweise geben wir hier den Vorzug.

Welche Merkmale hat der heutige Fundamentalismus?

Der Begriff »Fundamentalismus«, wie er heute üblicherweise verwendet wird, bezieht sich auf eine empirisch verifizierbare Realität. Wir möchten drei Aspekte dieser Realität hervorheben:

So wie im prototypischen amerikanischen Fall *ist der Fundamentalismus ein reaktives Phänomen*. Das heißt, er ist eine zeitlose Komponente dieser oder jener Tradition. Die Reaktion richtet sich immer gegen die wahrgenommene Bedrohung einer Gemeinschaft, die gewisse (religiöse oder säkulare) Werte verkörpert. In der heutigen Situation richtet sich die Reaktion genau gegen die bereits früher in diesem Buch beschriebene relativierende Wirkung der Modernität.

Daraus folgt, dass *der Fundamentalismus ein modernes Phänomen ist*. Auf diesen Punkt wurde schon häufig hingewiesen, und zwar deswegen, weil die fundamentalistischen Bewegungen recht effizient die modernen Kommunikationsmittel einsetzen. Das ist durchaus richtig. Aber der Fundamentalismus ist auch noch in einem tieferen Sinn modern, und zwar deshalb, weil er sich nur vor dem Hintergrund der Prozesse der Modernisierung und Relativierung verstehen lässt. Man kann dieses zweite Merkmal des Fundamentalismus auch so beschreiben: Trotz seiner üblichen Behauptung, konservativ zu sein, also auf das angebliche Goldene Zeitalter einer Tradition zurückzugreifen, *unterscheidet sich der Fundamentalismus stark vom Traditionalismus.* Dieser Unterschied besteht einfach im Folgenden: Im Traditionalismus wird die Tradition für selbstverständlich gehalten; der Fundamentalismus dagegen entsteht, wenn diese Selbstverständlichkeit in Frage gestellt wird oder regelrecht verlorengegangen ist.

Zur Veranschaulichung sei eine Episode aus dem 19. Jahrhundert beschrieben. Napoleon III. war in Begleitung von Kaiserin Eugenie zu einem Staatsbesuch in England. Eugenie (deren Vorgeschichte, milde gesprochen, nicht gerade aristokratischer Natur war) wurde von Königin Victoria mit in die Oper genommen. Beide Frauen waren noch ziemlich jung und majestätisch in ihrem Verhalten. Als Gast betrat Eugenie als Erste die Königsloge. Sie nahm anmutig den Applaus des Publikums entgegen, sah dann hinter sich auf ihren Stuhl und setzte sich anmutig auf ihm nieder. Victoria war in ihrem Benehmen nicht weniger anmutig, aber mit einem interessanten Unterschied: Sie sah nicht hinter sich – *denn sie wusste, dass der Stuhl da war.* Ein wirklich in einer Tradition verwurzelter Mensch hält den »Stuhl« für selbstverständlich und kann sich ohne Nachdenken auf ihn setzen. Ein Fundamentalist dagegen geht nicht mehr davon aus, dass der »Stuhl« da sein wird; er muss darauf *bestehen*, dass er da ist, und das setzt sowohl ein Nachdenken als auch eine Entscheidung voraus. Daraus folgt, dass ein Traditionalist es sich leisten kann, sich entspannt in seiner Weltsicht zurückzulehnen und ziemlich tolerant gegenüber denen zu sein, die sie nicht teilen – denn schließlich sind das die armen Teufel, die das Offensichtliche verkennen. Für den Fundamentalisten dagegen sind diese anderen eine ernsthafte Bedrohung seiner hart errungenen Gewissheit; sie müssen bekehrt oder ausgegrenzt oder im Extremfall vertrieben oder »liquidiert« werden.

Das dritte Merkmal des Fundamentalismus baut auf den ersten beiden auf: *Der Fundamentalismus ist der Versuch, die Selbstverständlichkeit einer Tradition wiederherzustellen, was typischerweise verstanden wird als Rückkehr zu einer (realen oder phantasierten) früheren Zeit der Tradition.* Angesichts des in den vorhergehenden Abschnitten Dargelegten muss man diese Vorstellung als illusionär ansehen. Die früheren Bedingungen können *nicht mehr* wiederhergestellt werden, und daher steht das fundamentalistische Unternehmen seiner Natur nach auf wackligen Füßen. Es muss ständig verteidigt und aufgebläht werden, was oft in Tönen aggressiver Gewissheit unternommen wird. Aber, wie wir schon früher vermerkt haben: Der Fundamentalist mag die Erinnerung daran, dass er seine Position *gewählt* hat, noch so verdrängen, sie bleibt ihm dennoch – und mit ihr zusammen das Wissen, dass jede Wahl grundsätzlich reversibel ist.

Wie hängen Fundamentalismus und Relativismus zusammen?

Falls die obigen Überlegungen empirisch gültig sind, ist es klar, dass Relativismus und Fundamentalismus zwei Seiten ein und derselben Medaille sind. Beide sind zutiefst moderne Phänomene, und beide sind Reaktionen auf die relativierende Dynamik der Modernität. Der Relativist *bejaht* diese Dynamik; der Fundamentalist *lehnt sie ab.* Aber beide haben viel mehr gemeinsam, als einer der beiden mit einem echten Traditionalisten gemeinsam haben könnte. Ihre Gemeinsamkeiten erklären, weshalb wir am Ende des zweiten Kapitels sagten, dass in jedem Fundamentalisten ein Relativist auf seine

Freisetzung und in jedem Relativisten ein Fundamentalist auf seine Wiedergeburt warte.

Wir leiteten diese Unterscheidung zwischen dem *Traditionalismus* und dem fundamentalistischen Projekt, *die Tradition zu restaurieren*, mit dem Beispiel von Kaiserin Eugenie und Königin Victoria ein. Führen wir uns eine weitere Veranschaulichung dieses Unterschieds vor Augen. In den 1970er Jahren begab sich ein amerikanischer Sozialwissenschaftler nach Tansania, um dort ein Projekt durchzuführen, das darin bestand, eine genuin afrikanische Version des Sozialismus zu schaffen. Zur Durchführung dieser Politik war von der dortigen Regierung ein institutionelles Instrument geschaffen worden: die sogenannten Ujamaa-Dörfer (*ujamaa* ist ein Suaheli-Wort für »Solidarität«). Diese Dörfer waren tatsächlich sozialistisch, insofern es kein privates Landeigentum gab; ja sie glichen in etwa den israelischen *kibbuzim*. Zur Zeit, als der Sozialwissenschaftler die Ujamaa-Dörfer besuchte, hatten sich dort Freiwillige zusammengeschlossen (so wurde es jedenfalls behauptet); später wurden allerdings Bauern dazu gezwungen, in diese Dörfer zu ziehen.

Dabei war von Anfang an ein wichtiges Merkmal, dass Menschen aus unterschiedlichen Ethnien und Stämmen zusammengekommen waren, um diese Dörfer zu bewohnen und ihre verschiedenen Kulturen miteinander zu teilen. Ein Führer erklärte dem Besucher, zur Förderung der *ujamaa* zwischen den verschiedenen Bevölkerungsgruppen würden bestimmte Zeiten festgesetzt, an denen die Gruppen ihre traditionellen Tänze aufführten. Als der Besucher später darüber nachdachte, machte er das folgende Gedankenexperiment: Er stellte sich vor, es gäbe zwei Filme von diesen Tänzen, wovon der eine in einem traditionellen Dorf aufgenommen wäre, der andere in einem der Dörfer, die er gerade besucht hatte. Er stellte sich weiter vor, dass die beiden Filme in dem, was sie darstellen, identisch wären: die gleichen Tänze, die gleichen Trommeln und Gesänge, und vielleicht sogar die gleichen Tänzer. *Und dennoch würden diese beiden Ereignisse grundverschieden voneinander sein.* In einem traditionellen Dorf tanzten die Menschen zu Zeiten, die von der Tradition festgelegt waren, sie tanzten ohne den Gedanken an irgendeinen Zweck dieses Tanzes, und sie tanzten für die Ahnen und die Gottheiten statt für ein Publikum, das aus anderen Ethnien und Stämmen zusammengesetzt war. Im Gegensatz dazu tanzten die Leute in einem Ujamaa-Dorf zu willkürlich gewählten Zeiten (die vermutlich ein Komitee geplant hatte), es gab für jeden Tanz einen absichtlichen politischen Zweck, und das Publikum bestand aus Dorfmitbewohnern mit ganz unterschiedlichem Hintergrund. Um es also noch einmal zu wiederholen: So sehr man es auch behaupten mag, ist der Fundamentalismus *kein* Traditionalismus.

Wie sieht der Fundamentalismus im kleinen Maßstab aus und wie in einer ganzen Gesellschaft?

Das fundamentalistische Projekt tritt in zwei Versionen auf. In der ersten Version versuchen Fundamentalisten, eine ganze Gesellschaft zu erobern und dieser ihr Credo aufzuzwingen; sie wollen also das fundamentalistische Credo für jedermann in dieser Gesellschaft zur selbstverständlichen Realität machen. In der zweiten Version geben Fundamentalisten jeden Versuch auf, allen ein Credo aufzuzwingen – sie lassen sozusagen die Gesellschaft insgesamt zur Hölle fahren –, versuchen jedoch, innerhalb einer kleineren Gemeinschaft die Selbstverständlichkeit des fundamentalistischen Credos einzurichten.

Nennen wir die erste Version des fundamentalistischen Projekts das *reconquista*-Modell. Der Begriff *reconquista* wurde ursprünglich für die christliche »Rückeroberung« Spaniens aus der Herrschaft der Muslime gebraucht. Sodann – und das ist für unsere Darlegung hier relevanter – wurde er wiederum in den 1930er Jahren von Francisco Franco und seinen Anhängern im Spanischen Bürgerkrieg verwendet. Dieses Mal sollte nicht Spanien vom Islam zurückerobert werden, sondern vom Kommunismus und Atheismus und allen anderen angeblichen Deformationen des modernen Zeitalters. Das, so behauptete Franco, werde zu einer Wiederherstellung des *Siglo de Oro* führen, eines erträumten Goldenen Zeitalters, in dem die Gesellschaft einmal »durch und durch katholisch« und authentisch spanisch gewesen sei.

Damit das *reconquista*-Modell Aussicht auf Erfolg hat, müssen die Fundamentalisten die totale oder jedenfalls annähernd totale Kontrolle über alle Kommunikationsmittel haben, welche die fundamentalistische Weltsicht untergraben könnten. Das heißt also, sie müssen die relativierenden Kräfte der Modernität unter Kontrolle halten. Dazu bedarf es aber notwendigerweise der Institution, nämlich der Errichtung und Aufrechterhaltung eines totalitären Staats. Wie Hannah Arendt und andere, jüngere Analytiker klargemacht haben, ist es wichtig, zu verstehen, dass dies ein sehr viel radikaleres politisches Phänomen ist als ein bloßes autoritäres Regierungssystem. Der autoritäre Staat duldet keine politische Opposition, aber er lässt die Menschen mehr oder weniger in Ruhe, solange sie sich dem Regime fügen. Im Gegensatz dazu versucht der totalitäre Staat, jeden Aspekt des sozialen Lebens unter seiner Kontrolle zu halten. Hier reicht es nicht, sich jeder politischen Opposition zu enthalten; man muss vielmehr begeistert bei jeder vom Staat unternommenen Initiative mitmachen.

Der Begriff »totalitär« wurde von Italiens Führer Benito Mussolini geprägt, und er verstand ihn sehr positiv. In einer seiner frühen Reden stellte er die Behauptung auf, das faschistische Regime sei *totalitario*, denn sein Grundprinzip sei, »dass nichts gegen den Staat, nichts ohne den Staat, nichts außerhalb des Staats« sein solle. (Paradoxerweise war Italien dann eher autoritär als totalitär, aber das steht auf einem anderen Blatt.) Mussolinis Formulierung ist eine recht gute Beschreibung des totalitären Staats. Im 20. Jahrhundert gab es zwei größere typische Beispiele dafür: Nazideutschland (Hannah Arendt vertrat allerdings die Ansicht, vollkommen totalitär sei es erst nach dem Ausbruch des Zweiten Weltkriegs geworden) und die Sowjetunion und ihre verschiedenen Nachahmer außerhalb Russlands. Der totalitäre Staat in seiner Reinform richtet zur Kontrolle jeder Lebensphase des Einzelnen von der Wiege bis zum Grab Institutionen ein, und diese Kontrolle wird durch ein ständiges Sperrfeuer der Propaganda und durch Agenturen des Staatsterrors verstärkt.

Man kann mit Fug und Recht sagen, dass im 20. Jahrhundert der Totalitarismus gescheitert ist. Im Fall der Nazis wurde er natürlich durch Kräfte von außen vernichtet. Es ist müßig, darüber zu spekulieren, wie sich der Nazismus weiterentwickelt hätte, wenn Hitler den Krieg gewonnen oder es gar keinen Krieg gegeben hätte. Aufschlussreicher ist der Fall der Sowjetunion. Der sowjetische Totalitarismus kollabierte von innen her: Es kam zu keiner Kapitulation vor einem amerikanischen Kriegsgegner, und in Moskau wurde keine alliierte Militärregierung eingerichtet. Der Zusammenbruch der Sowjetunion hatte gewiss vielfältige Ursachen, etwa die der sozialistischen Planwirtschaft inhärenten Mängel (und dazu auch ihre Unfähigkeit, im Rüstungswettlauf mit den USA Schritt halten zu können), die Kosten für das Riesenreich (die im Afghanistan-Feldzug gipfelten) und die Korruption der herrschenden Elite sowie der Umstand, dass dieser die Puste ausging. Aber dazu trug auch bei, dass das Regime es nicht schaffte, die Kommunikation nach außen fest unter Kontrolle zu halten. Deswegen konnte das ideologische Monopol des Regimes untergraben werden. Die heutigen Kommunikationsmittel machen eine solche Kontrolle immer schwieriger, zumal dann, wenn ein totalitäres Regime seine Wirtschaft weiterentwickeln will. Um wirtschaftlich existenzfähig zu bleiben, muss es Kontakte mit der Außenwelt unterhalten.

Und falls das Regime versucht, die Kommunikation mit der Außenwelt auf das für den Unterhalt der Wirtschaftsbeziehungen Notwendige zu beschränken, finden andere Kommunikationsinhalte trotzdem Mittel und Wege, sich einzuschleichen und gegenüber dem offiziellen Credo eine kognitive Dissonanz zu erzeugen. Schließlich öffnet sich das Regime: Die wirtschaftliche *perestroika* führt zur kulturellen *glasnost*, und schließlich brechen die Schranken gegen die kognitive Dissonanz weg. Inzwischen zeigt sich recht deutlich, dass der Zusammenbruch des Totalitarismus nicht notwendigerweise zu Demokratie und Pluralismus führt. Aber die Wahrscheinlichkeit ist groß, dass aus einem totalitären Staat ein autoritärer Staat wird, was bedeutet, dass das fundamentalistische Projekt darin gescheitert ist, dass es die Gesellschaft als Ganze in den Griff bekommen wollte. Ähnliche Prozesse lassen sich jetzt in China beobachten (obwohl das dortige Regime bislang mit Erfolg versucht, sich gegen die gefährlicheren Formen der *glasnost* zu sperren).

Wie diese Beispiele zeigen, ist die *reconquista*-Version des Fundamentalismus nur äußerst schwierig aufrechtzuerhalten, jedenfalls unter den heutigen Bedingungen. Totalitäre Regime versuchen, sich mit hohen Mauern gegen pluralisierende und relativierende Formen der Kommunikation abzuschotten, aber die starken Kräfte der modernen globalen Wirtschaft rammen gegen diese Mauern, bis es früher oder später Durchbrüche gibt, die massive subversive Kommunikationsinhalte hereinströmen lassen.

Diese Schwierigkeiten bedeuten nicht, dass der Totalitarismus unter den heutigen Bedingungen gar nicht mehr möglich wäre. Er ist möglich – aber nur mit ungeheuren Kosten für die betreffende Gesellschaft. Diese Gesellschaft muss sich nicht nur kulturell, sondern auch wirtschaftlich ganz von der Außenwelt abschneiden, was zu weitverbreitetem Elend führt. Ein Vorzeigebeispiel dafür ist Nordkorea. Es ist zudem ein Beispiel dafür, wessen es außerdem bedarf: nämlich der absoluten Gleichgültigkeit der herrschenden Elite gegenüber den elenden Bedingungen, unter denen die meisten Untertanen leben müssen. Aber selbst wenn die vollkommene Isolation gelingt, also das Elend gebannt wird, dürfte ein solches Regime wahrscheinlich recht unstabil bleiben.

Wenden wir uns jetzt der anderen Version des Fundamentalismus zu: dem, was wir als »subkulturellen« oder »sektiererischen« Fundamentalismus bezeichnen könnten. Man könnte ihn auch als Mikro-Totalitarismus beschreiben: Genau wie seine Makro-Version braucht auch er rigorose Abwehrmechanismen gegen die kognitive Kontamination, die über Kontakte nach außen eingeschleust zu werden droht. Wie bereits bemerkt, ist die Informations-Isolation unter heutigen Bedingungen ziemlich schwierig herzustellen, aber in einer kleinen Gruppe gelingt das leichter als in einer ganzen Gesellschaft.

Die Religionssoziologie hat am Phänomen des Sektentums seit den zu diesem Thema um die Wende zum 20. Jahrhundert entstandenen klassischen Werken von Ernst Troeltsch und Max Weber immer großes Interesse gehabt. Wie wir im ersten Kapitel gesehen haben, unterschied man zwischen zwei typischen soziologischen Formen der Religion, nämlich der Kirche und der Sekte: Die Kirche ist eine Institution auf breiter Basis, in die die Menschen hineingeboren werden. Im Gegensatz dazu ist die Sekte eine kleine Enklave innerhalb der Gesellschaft, der sich die Menschen aufgrund einer Entscheidung anschließen. Diese Typologie ist zur Einordnung verschiedener religiöser Phänomene ganz hilfreich und lässt sich auch auf kognitive Minderheiten anwenden, deren Weltsicht nichtreligiöser Natur ist. So bilden zum Beispiel Menschen, die glauben, die Erde werde regelmäßig von außerirdischen Wesen besucht, quasi-sektiererische Gruppen, die ihre Mitglieder gegen diesbezüglich skeptische Ansichten der Mehrheit abschirmen. Aber jeder Sekte ist ein innerer Widerspruch eigen: Sie versucht eine kognitive Selbstverständlichkeit auf-

rechtzuerhalten, kommt aber zugleich kraft individueller Entscheidungen zustande – und jede Entscheidung ist von ihrer
Definition her *nicht* selbstverständlich und daher potenziell
umkehrbar.

Im Idealfall (vom Standpunkt einer Subkultur und ihrem
eigenen Überleben aus) ist eine Sekte von der kognitiven
Mehrheit isoliert. Das gelingt am ehesten in ländlichen Umständen, wo man (sowohl kognitiv als auch verhaltensmäßig)
fern der Versuchungen der Stadt ist. In der Religionsgeschichte Amerikas sind die Amischen, die Shaker und die
Mormonen (nach ihrer Auswanderung nach Utah) dafür gute
Beispiele. Hinzu kommen analoge säkulare Gruppen verschiedener utopischer Bewegungen wie etwa die Oneida
Community.[1] Wenn aus irgendeinem Grund die Flucht in die
ländliche Isolation nicht möglich ist, ist für das Überleben der
Gruppe die Ansiedlung in eigenen geschlossenen Stadtbezir-
ken hilfreich. Beispiele dafür sind die Stadtviertel der ultra-
orthodoxen Juden in Brooklyn und Jerusalem. In jedem Fall –
sei es im ländlichen oder städtischen Umfeld – sind die sozialen Verhältnisse so angelegt, dass es für das Individuum sehr
schwer ist, »abzufallen«.

Während totalitäre Staaten Wachttürme und Elektrozäune
aufstellen, um die Menschen zu hindern, in feindliches Gebiet hinüberzugehen, schaffen Subkulturen mentale Entsprechungen für diese Eingrenzungen. Will ein Individuum diese
inneren Barrieren überspringen, so muss es sich ganz gewaltig anstrengen. Selbst wenn diese Flucht *physisch* erfolgreich
sein sollte (ein ultra-orthodoxer Jude kann schließlich einfach
zu Fuß aus dem Brooklyner Stadtteil Williamsburg hinaus-
spazieren und die U-Bahn nach Manhattan nehmen oder aus

---

1 Anm. d. Ü.: Eine 1848 in Oneida, New York, gegründete Kommune mit
mehreren Zweiggruppen, die bis 1881 bestand. Aus dem Glauben heraus, Christus sei bereits im Jahr 70 wiedergekommen, versuchten ihre
Mitglieder, schon in dieser Welt sündenfrei und vollkommen zu leben.

Jerusalems Bezirk Mea Shearim mit dem Bus wegfahren), plagt »Abgefallene« im Allgemeinen ihr Leben lang das Schuldgefühl, ihr Erbe und die Menschen, die es verkörpern (ihre Eltern, ihre Familie ganz allgemein, alte Freunde, Lehrer), verraten zu haben.

Falls eine Subkultur länger als eine Generation lang besteht, entsteht offensichtlich ein Unterschied zwischen denen, die in sie hineingeboren wurden, und denjenigen, die sich ihr auf dem Weg eines Bekehrungserlebnisses angeschlossen haben. Für die erste Gruppe haben die Realitäts-Definitionen der Subkultur den Rang der Selbstverständlichkeit bekommen. Damit hat diese Sekte sozusagen einige »kirchliche« Züge angenommen. Für die zweite Gruppe dagegen muss die Selbstverständlichkeit mühsam konstruiert und energisch aufrechterhalten werden. Aus diesem Grund sind die Konvertiten typischerweise immer eifriger als die »Hineingeborenen«. Anders ausgedrückt: Die »Hineingeborenen« wurden von Kind an in der Weltsicht der Subkultur sozialisiert; die Konvertiten dagegen müssen in diese Weltsicht *re*sozialisiert werden.

Diese sozialpsychologische Veränderung hat Max Weber mit seinem wunderbaren Begriff der »Veralltäglichung des Charismas« beschrieben: Im Lauf der Zeit verblasst der verblüffende Charakter des charismatischen Erlebnisses und die Alltagswirklichkeit zieht ein. Das Staunen weicht der Routine und Gewohnheit, das Außergewöhnliche wird wieder gewöhnlich. Das lässt sich in Begriffen der Religionssoziologie als Prozess beschreiben, in dessen Verlauf Sekten zu Kirchen werden. Die gleiche Dynamik findet sich auch in sektiererischen Gruppen, die statt der religiösen säkulare Überzeugungen und Werte vertreten.

Welche Bedingungen stellen fundamentalistische Gruppen typischerweise?

Jede Sekte oder Subkultur, sei sie religiös oder säkular, stellt für die »Konversion« zwei grundsätzliche Bedingungen auf (ganz gleich, ob die Konversion plötzlich oder nach und nach, freiwillig oder gezwungen erfolgte). Diese Bedingungen bilden die oben erwähnten Abwehrmechanismen, sie sind die mentalen Entsprechungen der Grenzverteidigungsmaßnahmen des Totalitarismus. Sie sind auch für diejenigen die gleichen, die einer Subkultur kraft Geburt statt individueller Wahl angehören, außer dass in ihrem Fall diese Bedingungen zum Selbstverständlichen gehören; die gesamte Umgebung verhindert permanent und stillschweigend ein Abfallen der Mitglieder. Wenn man also die Bedingungen für die Konversion beschreibt, stellt man zugleich die Mechanismen dar, mittels derer die »Hineingeborenen« davon abgehalten werden, über die Mauer zu springen.

Die grundlegendste Bedingung ist in allen Sekten die Gleiche; sie ist der Widerhall des totalitären Staats: *Es darf keine signifikante Kommunikation mit Außenstehenden geben.* Wie bereits erwähnt, verstand dies der Apostel Paulus recht gut: Er ermahnte die frühen Christen, »sich nicht mit Ungläubigen unter das gleiche Joch zu beugen«. Anthropologen würden diese Maxime in das Verbot der Gemeinschaft von Tisch und Bett übersetzen: dass man also nicht zusammen mit Ungläubigen essen und sie vor allem nicht heiraten sollte. Aber den Menschen ist das Bedürfnis nach Kommunikation tief eingefleischt. Daher muss die Subkultur dieses Bedürfnis mittels intensiver Interaktion untereinander befriedigen. Dazu gehört es typischerweise auch, soziale Situationen zu arrangieren, in denen man Ehepartner finden kann, also Heiratskandidaten oder -kandidatinnen mit der gleichen subkulturellen Weltsicht.

Die Verhaltenskomponente dieser Bedingung ist einfach: Wie wir gerade gesehen haben, isolieren Sekten ihre Mitglieder, und zwar vorzugsweise in ländlicher Umgebung oder zuweilen auch mitten in Großstädten. Zu dieser Bedingung kommt eine kognitive Komponente hinzu: Sekten bezeichnen Außenseiter als Ignoranten der »offensichtlichen« Wahrheit der subkulturellen Weltsicht. Für den »Hineingeborenen« war die Welt von Geburt an nach einem scharf dualistischen Schema aufgeteilt: in diejenigen »drinnen«, die im Licht der Wahrheit leben, und diejenigen »draußen« in der Finsternis der Unwissenheit. (Falls diese Unwissenheit aus einer *vorsätzlichen* Ablehnung der Wahrheit stammt, sollte man den Außenstehenden nicht nur bemitleiden, sondern ihn verdammen.) Für den aus der Masse der Unwissenden kommenden Konvertiten bringt das eine Zweiteilung seiner Biographie mit sich: Das Leben des Konvertiten wird in einen Abschnitt vor und einen Abschnitt nach der Bekehrung unterteilt, und die Zeit vor der Bekehrung wird natürlich abschätzig definiert. Konvertiten machen für diese Zeit der Finsternis häufig ihre Eltern verantwortlich und kappen sehr oft alle bisherigen Familienbande. Sie können es sich nicht *leisten*, sich daran zu erinnern.

Eine anschauliche, säkulare Spielart dieser Uminterpretation des eigenen Lebens nach einer Bekehrung stellt die kommunistische Methode der Gehirnwäsche dar. Diese Methode wurde zunächst in der Sowjetunion entwickelt und dann vermutlich von den chinesischen Kommunisten perfektioniert. Sie wurde von diesen Regimes sowohl bei der Ausbildung von Kadern als auch bei der Behandlung von Gefangenen angewandt (zum Beispiel in »Umerziehungslagern« und mit gefangen genommenen Soldaten in Haft). In einer Variante dieser Methode wurden die Betreffenden angewiesen, ihre Lebensgeschichte niederzuschreiben. Diese Texte »korrigierten« dann die Instruktoren und gaben sie ihnen zur Überarbeitung zurück. Die Verfasser wurden so lange immer wieder zum Neuschreiben ihrer Erzählungen aufgefordert, bis sie diese »richtig« verfasst hatten – das heißt bis ihre Autobiographie gemäß der kommunistischen Ideologie rekonstruiert war (zum Beispiel, bis sie gänzlich von allen »Überresten eines bürgerlichen Bewusstseins« gereinigt war). Bei der Kaderausbildung unterzogen sich die Betreffenden dieser Übung vermutlich freiwillig, entweder weil sie aufrichtig an sie glaubten oder aus Opportunismus. Gefangene dagegen mussten zu dieser Übung gezwungen werden. Typischerweise gehörten dazu auch körperliche Misshandlungen und Erniedrigungen: Es ging darum, die alte Identität abzureißen, um eine neue aufbauen zu können. Ähnliche, wenn auch gnädigere Techniken wurden auch in anderen Kontexten verwendet, etwa bei der Ausbildung von Novizen in Mönchsklöstern, bei der Grundausbildung beim Militär (insbesondere bei Eliteeinheiten wie den Marinesoldaten) oder in der Psychoanalyse (zumindest des klassisch freudschen Typs, die sich als langwieriges Neuformulieren der Biographie des Patienten beschreiben lässt, bis der sie schließlich »richtig hinbringt«).

Die zweite Bedingung für die Konversion zu einer Sekte baut auf der ersten auf, und auch sie hat einen totalitären Zug: *Es darf keinen Zweifel geben.* Insbesondere Fundamentalisten können keinen Zweifel tolerieren; sie versuchen ihn um jeden Preis zu vermeiden. Genau wie die erste Bedingung hat auch diese zweite eine kognitive und eine Verhaltenskomponente. Kognitiv geht es vor allem bei der Sozialisation um die Unterdrückung von Zweifeln. »Hineingeborene« Mitglieder der Gemeinschaft wurden von Kindheit an in der Sonderideologie der Sekte gedrillt; Konvertiten, also neu Sozialisierte, müssen besonders sorgfältig überwacht werden (und müssen auch sorgfältig auf sich selbst achten), um nicht in frühere Gewohnheiten »zurückzufallen«. Sollten trotz dieser Vorsichtsmaßnahmen Zweifel auftauchen, lassen sich zu deren Behebung therapeutische Maßnahmen anwenden. In einem religiösen Kontext können diese als »Beichtgespräche« oder einfach als »Seelsorge« bezeichnet werden.

Bei den »Hineingeborenen« beginnt die Sozialisierung in der Kindheit, wenn ihnen eine bestimmte Weltsicht von sogenannten »signifikanten Anderen« beigebracht wird, das heißt von Personen, die für das Kind emotional sehr wichtig sind. Das sind höchstwahrscheinlich in erster Linie und hauptsächlich die Eltern, aber auch andere können diese Rolle erfüllen: ältere Geschwister, andere verehrte Verwandte oder Freunde, Lehrer oder Geistliche. Den Konvertiten fehlt natürlich diese korrekte primäre Sozialisation, sie müssen *re*sozialisiert werden. »Signifikante Andere« sind jedoch für den Konvertiten genauso wichtig wie für den »Hineingeborenen«, genau wie das, was man als das »Konversionspersonal« bezeichnen könnte: spirituelle Leiter, Parteifunktionäre, Ausbildungsfeldwebel oder Psychoanalytiker. Der Konvertit geht mit diesen Menschen typischerweise intensive persönliche Bindungen ein. In der Psychologie wird dieser Prozess als »Übertragung« bezeichnet, um einen von Freud geprägten Begriff zu verwenden (obwohl wir diesem damit eindeutig einen anderen Sinn als den von Freud beabsichtigten geben): Wir können sagen, dass es »signifikante Andere« gibt, die dem Konvertiten dabei behilflich sind, von einer Weltsicht zu einer anderen überzugehen, und ihm dann helfen, bei Letzterer zu bleiben. Es überrascht nicht, dass der Betreffende in der Beziehung zu diesen Autoritätsfiguren infantilisiert wird; im psychologischen Sinn ist das eine Rückkehr zum Kindsein.

Den gegen den Zweifel resistenten Verhaltensweisen entsprechen kognitive Verhaltensweisen. Dessen ist sich das Konversionspersonal bewusst. So werden spirituelle Leiter, wenn sie mit zweifelnden Anvertrauten konfrontiert werden, diesen zunächst einmal bestimmte Verhaltensweisen ans Herz legen. Die Formel ist hier ganz einfach: Um beten zu können, muss man nicht glauben, sondern man betet, *um glauben zu können.* Dazu kommen noch kognitive Mechanismen, die bei diesem Prozess der Zweifels-Eindämmung mithelfen. Ihrer Art nach fallen diese in die Kategorien des Schlechtmachens und der Apologetik.

Das Schlechtmachen ist allgemein das gröbere Instrument:

Zweifel zerstreut man, indem man ihnen einen negativen Status gibt. Im Fall der Religion gehören sie zur Gruppe der Sünden. So wird also der Mangel an Glauben für sündig und als Aufbegehren gegen Gott erklärt. Wir haben bereits den wunderbaren kommunistischen Begriff der »Überreste eines bürgerlichen Bewusstseins« erwähnt; Psychoanalytiker sprechen von »inneren Widerständen« – beides sind negative Etiketten. Derlei Übungen des Schlechtmachens ersparen es einem, sich mit dissonanten Definitionen der Realität auseinanderzusetzen; man kann also diese Definitionen als jeder ernsthaften Überlegung unwürdig abtun.

Demgegenüber kann die Apologetik (um diesen christlichen theologischen Begriff zu verwenden) grob oder auch recht niveauvoll sein. In jedem Fall liefert sie eine Reihe von Argumenten, die dazu dienen sollen, die Gültigkeit der Weltsicht der Sekte zu verteidigen. In ihrer umfangreichsten Form liefert sie eine voll entwickelte Theorie: dieses oder jenes theologische System, den Marxismus oder die freudsche Psychologie. Zweifel werden ausgeschaltet, indem man in eine umfassende Theorie eintaucht, die sie sowohl erklärt als auch leugnet.

Was ist letztlich der Preis des Fundamentalismus?

Jede Weltsicht *verortet* das Individuum. Anders gesagt: Jede Weltsicht verschafft ihm eine Identität. Der Fundamentalismus tut das sowohl mit seiner *reconquista* als auch mit seinen subkulturellen Versionen. Diese Identität soll für selbstverständlich gehalten werden, also mit offensichtlicher Gültigkeit ausgestattet sein. Das Individuum *ist* jetzt oder (im Fall des Konvertiten) *wird*, was es sein soll. Wie bereits in einem früheren Kapitel vermerkt, bezeichnete Erich Fromm die politische Version davon treffend als »Flucht vor der Freiheit«. Wenn man auf die Freiheit und eine Gesellschaft, in der die

Freiheit von einer liberalen Demokratie und dem Verfassungsstaat institutionalisiert wurde, großen Wert legt, dann muss man offensichtlich den Fundamentalismus als ernsthafte Bedrohung ansehen. Der religiöse oder säkulare Fundamentalismus ist immer ein Feind der Freiheit.

Wir legten weiter oben dar, dass der Relativismus das »kollektive Bewusstsein« und folglich die Solidarität (Durkheim) einer Gesellschaft unterhöhle. Aber das tut auch der Fundamentalismus. In seiner *reconquista*-Version versucht er tatsächlich, eine auf einer erzwungenen Uniformität von Überzeugungen und Werten beruhende Solidarität zu erschaffen. Aber das totalitäre Regime, das zur Aufrechterhaltung solcher Umstände eingerichtet werden muss, hat seinen gewaltigen wirtschaftlichen und sozialen Preis. Der Preis für die subkulturelle Version des Fundamentalismus scheint weniger hoch zu sein. Zumindest anfangs, solange die Subkultur noch klein und selten ist, tragen nur ihre Mitglieder die Kosten. Aber wenn sich solche Subkulturen vermehren, unterhöhlen sie den Zusammenhalt der Gesellschaft, die dadurch »balkanisiert« wird. Dann muss jeder die Kosten tragen. Das kann schließlich in einem zivilen Dauerkonflikt zwischen radikalen Subkulturen und der Mehrheitsgesellschaft und/oder zwischen mehreren Subkulturen untereinander münden.

Während für eine stabile Gesellschaft die Gefahr des Relativismus darin liegt, dass es zu einem Übermaß an Zweifel kommen kann, bringt der Fundamentalismus die Gefahr mit sich, dass es zu wenig Zweifel gibt. Sowohl extreme Ungewissheit als auch extreme Gewissheit sind gefährlich, wenn auch nicht auf die gleiche Weise. Was die Gefahren der Gewissheit angeht, ist es interessant, sich die überragende Gestalt von Oliver Wendell Holmes genauer anzusehen. Er gehörte im 19. Jahrhundert der Bostoner kulturellen und sozialen Elite an und diente während des amerikanischen Bürgerkriegs in der Armee der Union. Die von beiden Seiten vollbrachten Grausamkeiten entsetzten ihn zutiefst. So kehrte er aus dem Krieg mit der Überzeugung heim, *jegliche* Gewissheit sei verhängnisvoll und potenziell enthumanisierend. Dagegen hielt er den Skeptizismus (also sozusagen den Zweifel als feste Gewohnheit) für ganz wesentlich für eine angemessen humane Gesellschaft. Diese Überzeugung beeinflusste seine Handlungen als Richter am Obersten Bundesgericht der USA.

Wir stimmen ihm darin zu. Daraus folgt, dass man eine »mittlere Position« einrichten sollte, die auf gleicher Distanz zum Relativismus und Fundamentalismus bleibt. Die religiösen und moralischen Aspekte einer solchen Position sind ähnlich, aber nicht die Gleichen. Um diese Themen soll es in den nächsten Kapiteln gehen.

5 Gewissheit und Zweifel

Im 20. Jahrhundert bemerkte der österreichische Roman-schriftsteller Robert Musil mit der für seine Schriften charak-teristischen Ironie:»Die Stimme der Wahrheit hat einen ver-dächtigen Unterton.« Diese Aussage lässt an Pascals bereits zitierten Spruch denken, dass die Wahrheit auf der einen Seite der Pyrenäen auf deren anderer Seite ein Irrtum sein könne. Das heißt, die Wahrheit ist weniger sicher oder absolut, als der uneingeschränkt zweifelsfreie »wahre Gläubige« sich das wünscht. Oder in philosophischen Begriffen gesagt: Die Wahrheit bleibt offen für Falsifikation. Sie ist auf Raum und Zeit bezogen, auch wenn jemand, der dem einen oder anderen metaphysisch begründeten Glauben anhängt, das nicht so sieht. Während der längsten Zeit der Geschichte lieferte die Religion diese Begründung, und es war im Bereich der Reli-gion, wo das Hin und Her zwischen Gewissheit und Zweifel am dramatischsten betrieben wurde (was wir weiter unten noch genauer erörtern werden). Heute jedoch gibt es viele, die ohne jede religiöse Zugehörigkeit fest »an eine Wahrheit glauben«. Das heißt, es gibt eine wahrhaft ökumenische Ge-meinschaft von Fanatikern jeglicher religiösen *und* säkularen Überzeugung.

Gibt es nicht doch einige Wahrheiten, die absolut sind?

Die Tatsache, dass Wahrheit der Falsifikation offensteht, be-deutet nicht, dass es überhaupt keine »unbezweifelbare« Wahrheit gäbe. Es gibt, um mit ihnen anzufangen, die mathe-matischen Faustregeln, die niemand ernsthaft dem Zweifel und der Falsifikation unterwerfen würde. In allen Kulturen und zu allen Zeiten war es offensichtlich, dass zwei plus drei fünf ergibt und zwei mal drei sechs. Das ist eine Wahrheit des gesunden Menschenverstands, die jeder normale Mensch für gegeben halten muss. Dagegen muss die Wahrheit der Mathematik, wie etwa der Satz des Pythagoras, unterrichtet und gelernt werden. Sie ist nicht angeboren und nicht von Natur aus augenscheinlich. Ja, es ist ziemlich schwierig, eine überzeugende Antwort darauf zu finden, wenn ein Kind die Frage stellt, warum eigentlich vier plus vier acht sei und nicht neun oder sieben. Das Einzige, was man tun kann, ist, die Hand des Kindes zu nehmen und ihm seine Finger vorzuzählen. Übrigens ist es für Fünf- oder Sechsjährige, denen man bereits die Anfänge der Mathematik beigebracht hat, eine wunderbare Entdeckung, zehn Finger und zehn Zehen zu haben, die sich zählen, addieren, subtrahieren und multiplizieren lassen. So dienen die Finger dem Kind tatsächlich als eine Art elementare Rechentafel.

Wahrheit und Verrücktheit sind zuweilen verfeindete, aber merkwürdig verbündete Zwillinge. Der Sozialpsychologe Milton Rokeach untersuchte zu Anfang der 1960er Jahre in drei verschiedenen Einrichtungen drei psychisch kranke Patienten, die sich alle für Jesus Christus hielten. Rokeach dachte, sie ließen sich von dieser Selbsttäuschung vielleicht dadurch heilen, dass man sie in einer Einrichtung zusammenbrachte. Dadurch würden sie mit einer ernsthaften kognitiven Dissonanz konfrontiert, da ja die Existenz von drei Christussen offensichtlich unmöglich sei – ganz abgesehen von der Tatsache, dass Jesus Christus seit knapp zweitausend Jahren nicht mehr physisch unter uns weilt. Mithilfe ihrer Psychiater, die auf bemerkenswerte Weise Rokeachs Hypothese teilten, dass die kognitive Dissonanz, die man ihren Patienten zumuten würde, ein Heilungspotenzial haben müsse, wurden die drei also in einem Heim in Ypsilanti, Michigan, zusammengeführt. Rokeach nahm die oft hitzigen Debatten der drei

Männer auf und veröffentlichte sie in seinem Buch *The Three Christs of Ypsilanti* (1964). Zu einem bestimmten Zeitpunkt dachte Rokeach, dass der Intelligenteste der drei tatsächlich beginne, von seiner Selbsttäuschung geheilt zu werden. Dieser Mann sagte, seiner Ansicht nach müssten die anderen beiden Männer furchtbar verrückt sein, weil sie glaubten, sie seien Jesus Christus. Das aber, so setzte er hinzu, sei selbstverständlich absurd, denn natürlich könne nur *ein* Mensch Jesus Christus sein. Und natürlich seien nicht sie, sondern er der christliche Messias.

Rokeach berichtete auch noch von einem weiteren Fall pluraler, widersprüchlicher Identität. Zwei Patientinnen, eine ältere und eine jüngere, glaubten beide, Maria, die Mutter Jesu zu sein. Sie stritten deswegen ständig miteinander, bis die ältere Frau plötzlich eine Lösung fand. Sie fragte den Arzt, wer die Mutter Marias gewesen sei. Nach einigem Nachdenken gab er zur Antwort, wenn er sich nicht täusche, habe die Mutter Marias Anna geheißen. Daraufhin verkündete die ältere Dame glücklich, sie sei Anna, umarmte ihre Mitpatientin ganz herzlich und sprach sie fortan als ihre Tochter Maria an. So wurde also auf diese Weise eine kognitive Dissonanz raffiniert aufgelöst.

Ganz nahe an die objektiven und unbezweifelbaren Regeln der Arithmetik und Mathematik kommen diejenigen der formalen Logik heran. Nach Auffassung der meisten Philosophen sind Mathematik und Logik tatsächlich innerlich verwandt. Hier ist nicht der Ort, um sich auf das hoch spezialisierte und schwierige Feld der Logik zu begeben. Es genügt zu sagen, dass es in der Logik eine Reihe von Grundsätzen gibt – wie etwa den vom logischen Schluss, dem Syllogismus –, die allgemein als über jeden Zweifel erhaben gelten, als absolut wahr. »Alle Menschen sind sterblich; Sokrates ist ein Mensch; folglich ist Sokrates sterblich.« Das ist ein Beispiel für den grundlegendsten Syllogismus, und er ist von unbezweifelbarer Wahrheit. Tatsächlich lassen sich die darin enthaltenen Hauptbegriffe »Mensch«, »sterblich« und »Sokrates« durch immaterielle Symbole ersetzen, wie man das in der Logik seit Aristoteles getan hat: M ist st; S ist M; folglich: S ist st. Tatsächlich *bevorzugt* die formale Logik solche Symbole, da ihr nichts an philosophischen oder theologischen Empfindlichkeiten liegt – vor allem nicht, wenn es wie im vorliegenden Syllogismus um die Sterblichkeit oder Unsterblichkeit des Menschen geht.

Aber nichts von dem verhilft uns wirklich zu der Wahrheit und Gewissheit, die wir uns für unser Alltagsleben wünschen. Das Leben ist keine Summe formaler logischer Schlüsse, sondern eine oft schmerzliche Abfolge von Wahlmöglichkeiten und Entscheidungen bezüglich Alternativen, die überhaupt nicht »rational« sind, und auch unser Wählen und Entscheiden ist nicht»logischer« Natur. Die formale Logik versucht, die Untertöne aus Musils »Stimme der Wahrheit« herauszufiltern, aber im Leben sind diese Untertöne nur sehr schwer auszuschalten. Die Wahrheit wird ständig von Zweifeln und Ungewissheit überschattet. Nur der »fraglos Gläubige«, der sich fest in dem einen oder anderen religiösen oder philosophischen »-ismus« eingerichtet hat, wird die Stimmen des Zweifels niederschreien, diese Stimmen, die – wie wir weiter oben gesehen haben – im pluralisierenden Prozess der Modernisierung immer zahlreicher und vielfältiger werden.

Aber es gibt in Wirklichkeit in unserem Leben eine ganz grundlegende *nicht*religiöse und *nicht*philosophische Gewissheit; eine Gewissheit, die Arnold Gehlen treffend »eine gütige Gewissheit« genannt hat. Wir sind auf Gehlens Werk schon im ersten Kapitel zu sprechen gekommen, müssen aber hier noch einmal kurz darauf zurückgreifen. Seine »gütige Gewissheit« ist die weithin für selbstverständlich gehaltene Gewissheit von Institutionen, die von Generation zu Generation weitergegeben werden und das einrichten, was man »Tradition« nennt. Ehe, Familie, Kirche, Tempel, Moschee, Schule, Universität, ehrenamtlicher Verein – das alles sind nicht nur funktionierende Organisationen, sondern zugleich auch sinnvolle Institutionen und die Träger der Werte und Normen, die unseren tagtäglichen Handlungen und Interaktionen ihre Richtung und Gewissheit geben.

Wenn man zum Beispiel in ein fremdes Land auswandert, muss man dessen Sprache, Sitten, religiöse und weltliche Zeremonien und die dortigen Handlungs-, Denk- und Fühlweisen lernen – kurz: sich mit seinen Institutionen vertraut machen. Auf diese Weise macht man sich die Sinndeutungen, Werte und Normen des Volkes in seinem neuen sozialen Lebensraum zu eigen. Eine derartige Aneignung ist notwendig, falls man mit seinen neuen Nachbarn kommunizieren und in Interaktion treten will. Das mag eine Weile dauern, aber schließlich wird man die »gütige Gewissheit« der institutionell begründeten Selbstverständlichkeiten verspüren. Das vermittelt ein Gefühl des Daheimseins, selbst wenn einem die alte Welt, aus der man ausgewandert ist, noch in der Erinnerung und den Gefühlen herumspukt. Tatsächlich hält einen das Gefühl, zwischen zwei verschiedenen Welten zu leben, in einer Grauzone voller vielfältiger Zweifel und Ungewissheiten fest, und das kann andauern, bis man stirbt. Aber gewöhnlich verblasst es in der zweiten oder dritten Generation. Die Auswanderung ist kein neues Phänomen, aber sie hat in der heutigen Zeit noch nie da gewesene Ausmaße angenommen. So gibt es in der Welt von heute Millionen von Menschen, die im Spagat zwischen zwei oder oft noch mehr Kulturen leben.

Wie wir oben dargelegt haben, war der moderne Prozess der Pluralisierung eine deinstitutionalisierende und existenziell destabilisierende Kraft. Er hat unsere Wahlfreiheit ausgeweitet und damit auch in gewisser Hinsicht unsere Autonomie und Selbstständigkeit. Aber wie jeder Besuch in einem heutigen Supermarkt zeigt, leben wir damit auch ständig mit der im zweiten Kapitel erwähnten »Qual der Wahl«. Der Supermarkt eignet sich tatsächlich als Metapher für eine voll pluralisierte Gesellschaft. Diese Pluralisierung hat zu zwei gegensätzlichen Reaktionen geführt. Da gibt es auf der einen Seite die Rückkehr zu vormodernen Gewissheiten wie dem religiösen Fundamentalismus und dem naturwissenschaftlichen Rationalismus und auf der anderen Seite eine genauso radikale Verherrlichung der angeblichen postmodernen Beliebigkeit, die als Relativismus propagiert wird, in dem (moralisch) »alles erlaubt ist«. Im ersten Fall wird die Qual der Wahl damit gemildert, dass man einen theologischen oder philosophischen Wahrheitskanon einführt. In zweiten Fall wird die umfassende Wahlfreiheit einfach zum Vorteil erklärt, denn die Relativisten glauben, dass sie die beste Garantie für Freiheit und Autonomie sei.

Keine der beiden Positionen wird von Zweifeln behelligt; das haben sie gemeinsam. Sie sind von einer Gewissheit, die – angeblich – unbezweifelbar ist. Tatsächlich werden beide Positionen von »fraglos Gläubigen« vertreten, die ihre Gewissheiten in der Religion, der Naturwissenschaft oder in der postmodernistischen Relativität finden. Die Vertreter der Letzteren behaupten besonders oft, den Zweifel hochzuhalten, aber in Wirklichkeit verabsolutieren sie den Zweifel zu einem radikalen Relativismus und Zynismus, der das *Ende* des Zweifels einläutet. Genau genommen sind auch Relativisten und Zyniker »fraglos Gläubige«. Was macht dann also den »fraglos Gläubigen« aus?

Wie gehen »fraglos Gläubige« mit Zweifel um?

1951 veröffentlichte der amerikanische Hafenarbeiter und Stammtischphilosoph Eric Hoffer ein kleines Buch mit dem Titel *The True Believer*, »Der fraglos Gläubige« (dt. Titel: *Der Fanatiker*, d. Ü.), in dem er ein tiefgründiges Bild dieses Menschentyps vorstellte. Er schrieb darin, dass Massenbewegungen – etwa religiöse, sozialrevolutionäre und nationalistische –

zwar sehr unterschiedliche Ideologien verbreiteten, jedoch einen Wesenszug gemeinsam hätten, der ihnen eine starke Familienähnlichkeit gebe: Sie würden von Menschen begründet und durchgeführt, die im Notfall für ihre Sache zu sterben bereit wären, konformistisches Handeln einforderten und Fanatismus, Hass und Intoleranz kultivierten und davon getrieben würden. Ganz unabhängig von den Lehren, die sie predigten, und den Programmen, die sie verkündeten, teilten sie die gleichen Ansichten – die fanatischen Ansichten eines »fraglos Gläubigen«. Hoffer sah diese Geisteshaltung im christlichen und muslimischen Radikalismus (heute sprechen wir vom protestantischen Fundamentalismus und Islamismus), im Kommunismus und Nazismus und in verschiedenen Formen des Nationalismus. Die folgende Beobachtung Hoffers von 1951 ist immer noch gültig: »Denn zwar ist unser Zeitalter ein gottloses, aber es ist alles andere als irreligiös. Der »fraglos Gläubige« ist überall auf dem Vormarsch, und gestaltend und bekämpfend formt er sich die Welt nach seinem eigenen Bild.« Wie zu Hoffers Zeiten gibt es auch heute viele von »fraglos Gläubigen« geschaffene und propagierte »-ismen«, wie etwa den Modernismus der Aufklärung, den antirationalen Romantizismus und den genauso antirationalen Postmodernismus.

Die meisten dieser »-ismen« lassen sich als »Götter« bezeichnen, das heißt als Gegenstände der Verehrung und Anbetung, auch wenn ein hebräischer Prophet sie als »*falsche* Götter« definieren würde. Oft sind es »gescheiterte Götter«, um den Titel eines Sammelbandes von sechs europäischen Intellektuellen zu paraphrasieren, die in der Zeit zwischen 1917 und 1939 an die Segnungen des Kommunismus geglaubt, aber dann ihren Glauben daran verloren hatten, nachdem sie Stalins terroristische Spielart davon kennengelernt hatten. Solche säkularen Götter scheitern insbesondere dann, wenn ihre Prophezeiungen scheitern, etwa wenn der Sieg der proletarischen Revolution, der vorhergesagte Weltuntergang oder die Wiederkehr der Messiasgestalt ausbleiben. Im Frühchristentum gab es starke Erwartungen, dass die Wiederkehr Jesu Christi nahe bevorstehe und er das Reich Gottes auf Erden errichten werde. Es wurde die Vermutung geäußert, die Enttäuschung dieser eschatologischen Erwartung habe die missionarischen Aktivitäten von Paulus angeregt und zur Einrichtung der christlichen Kirche als formaler Organisation geführt. Der oberste Pontifex in Rom wurde nicht nur als das amtliche Oberhaupt der römisch-katholischen Kirche angesehen, sondern auch als Stellvertreter Christi auf Erden bis zu dessen Wiederkunft.

In seiner klassischen Untersuchung *When Prophecy Fails* (1956) zeigte der amerikanische Sozialpsychologe Leon Festinger auf, dass Menschen, die sich mit großer Hingabe auf eine religiöse Überzeugung und deren vorausgesagte Ereignisse eingelassen haben, den Glauben nicht verlieren, wenn bestimmte Ereignisse seine Behauptungen als falsch widerlegen, zum Beispiel, wenn etwas Prophezeites nicht eintritt. Im Gegenteil: Das führt nur zur Vertiefung ihrer Überzeugung, und sie fangen erst recht an, andere zu bekehren, um dadurch weitere Bestätigung für ihren Glauben zu finden. Je stärker sich Menschen ihrem Glauben hingeben, desto wahrer muss dieser Glaube sein – so jedenfalls denken sie. Doch, so fügt Festinger hinzu, in den meisten Fällen kommt ein Zeitpunkt, an dem die Gegenbeweise ein derartiges Maß erreichen, dass sich hartnäckiger Zweifel einschleicht. Wenn dieser Zweifel weiter anwächst, kann er schließlich dazu führen, dass man den Glauben ablegt – es sei denn, es gelingt den Gläubigen eine solide Institutionalisierung, wie das beim Christentum der Fall war. Die Auflösung apokalyptischer Bewegungen ist umso wahrscheinlicher, je genauer sie ein Datum für das Ende der Welt angegeben hatten (und dieses verstrichen ist). Wenn dieses Datum abgelaufen ist, ohne dass irgendeine apokalyptische Katastrophe eingetreten ist, kollabiert eine solche Bewegung im Allgemeinen früher oder später (jedoch darf man nicht die unglaubliche Fähigkeit der Menschen übersehen, entmutigende Beweise zu leugnen).

Religiöse und säkulare Fundamentalisten und ihre Gegner haben sich im Lauf der gesamten überlieferten Geschichte auf bittere Kontroversen eingelassen. Obwohl diese Gruppen sehr unterschiedlich waren, sind für sie drei gemeinsame Hauptmerkmale typisch: Erstens haben sie große Schwierigkeiten damit, sich gegensätzliche Meinungen und Ideen anzuhören. Zweitens behaupten sie, im Besitz einer unwiderlegbaren (religiösen oder säkularen) Wahrheit zu sein. Drittens behaupten sie, ihre Wahrheit sei die *einzige* Wahrheit, das heißt, sie beanspruchen ein Monopol auf die Wahrheit. Ein beredtes Beispiel dafür sind die gegensätzlichen Positionen der »Kreationisten« und »Evolutionisten«. Blieben solche Streitigkeiten auf den Innenraum von Institutionen wie der Kirche, der Moschee, des Tempels, der Synagoge oder der Universität beschränkt, so wären sie relativ harmlos. Aber »hundertprozentige Gläubige« streiten auch in der Öffentlichkeit – insbesondere in der Politik –, wo sie beträchtlichen Schaden anrichten können.

Weil sie ihrer Überzeugung nach über ein Wahrheitsmonopol verfügen, unterdrücken »entschiedene Gläubige« auch den leisesten Hauch von Zweifel. Sie machen die Vertreter liberaler Mäßigung lächerlich oder verfolgen sie sogar. Der religiöse Fanatismus war es, der Voltaire ausrufen ließ: *»Écrasez l'infâme!«* (»Rottet die Verruchten aus!«), womit er die Kirche und vielleicht ganz allgemein die Christenheit meinte. Aber die Aufklärung produzierte ihren eigenen mörderischen Fanatismus. Nicht lange nachdem die französischen Revolutionäre die Göttin der Vernunft (demonstrativ in der Pariser Kirche der Madeleine) inthronisiert hatten, brach der Terror los, der mit seinen Grausamkeiten sogar noch diejenigen des *Ancien Régime* übertraf, die Voltaire so empört hatten.

Die religiös motivierte Unterdrückung des Zweifels lässt sich anhand eines der vielen historischen Beispiele exemplifizieren, die es in den Jahrhunderten voller religiöser Konflikte in

Europa gegeben hat. Im 16. Jahrhundert errichtete der französische Reformator Johannes Calvin, einer der radikalsten »Gläubigen«, die es je gegeben hat, in der Stadt Genf eine protestantische Theokratie. Er strebte persönlich nie eine politische Position an, sondern blieb sein Leben lang kirchlicher Geistlicher. Aber er versuchte als eine Art *Ayatollah*, das politische Geschehen in seiner Stadt fest in den Griff zu bekommen. Zunächst hatte er damit keinen Erfolg: Bürgermeister und Stadtrat weigerten sich, sich den Lehren Calvins und seines nicht minder fanatischen Kollegen Guillaume Farel zu unterwerfen und verbannten beide aus Genf. Aber zwei Jahre später hatte sich das Kräfteverhältnis im Stadtrat verschoben und die beiden Reformatoren wurden eingeladen, wieder nach Genf zu kommen. Calvin erließ dann seine *Ordonnances ecclésiastiques*, die vom Stadtrat akzeptiert wurden. Mit diesen strikten kirchlichen Regelungen führte er einen radikal presbyterianischen Kirchenrat ein, der aus theologisch ausgebildeten Geistlichen und Laienältesten bestand, statt, wie seither üblich, unter der Leitung eines Bischofs zu stehen. Zu beachten ist, dass diese Laien zugleich Regierungsbeamte sein sollten. Calvin ordnete an, dass die Kirche autonom, der Stadtstaat hingegen der Kirche untertan sein müsse, insbesondere auf dem weiten Feld der Moral. Calvins Theokratie wurde von Streitereien und Konflikten geplagt, aber es gelang ihm dennoch, die Bürger von Genf doktrinär und moralisch fest in den Griff zu bekommen.

Natürlich stieß Calvin auf den leidenschaftlichen Widerstand einiger Theologen. Zu deren Vordersten gehörte Kardinal Jacopo Sadoleto, Sekretär von Papst Leo X. und Bischof von Carpentras in Südfrankreich. Mit einem Brief an die Adresse des Stadtrats und der Bürger von Genf versuchte er, die protestantischen »Häretiker« Calvin und Farel dazu zu überreden, zur Mutterkirche zurückzukehren. Als seine Trumpfkarte brachte er das Thema »Erlösung« auf den Tisch und stellte ihnen die folgende Frage: Was wird mit unserer

Seele – die unsere Identität ausmacht – nach unserem Tod geschehen? Wird sie verdammt oder gerettet? Und Sadoleto fuhr fort: Die Heilige Römische Kirche, die jetzt seit über vierzehnhundert Jahren existiert, bietet zu unserer Erlösung die Heilmittel der heiligen Messe, der Beichte und Lossprechung unserer Sünden, die Fürbittgebete der Heiligen für uns und unsere Fürbittgebete für die Verstorbenen. Wir sind von Natur aus auf die Gnade Gottes angewiesen, aber zu unserem Heil sind genauso unsere guten Werke notwendig. Sadoletos Grundton war versöhnlich, an manchen Stellen brach er jedoch in fanatischen Zorn aus: »Denn ich weiß recht wohl, dass solche Neuerer von alten und wohleingerichteten Dingen, solche Beeinträchtigungen, solche Zwistigkeiten nicht nur für die Seelen der Menschen schädlich wären (was das größte aller Übel ist), sondern auch für die privaten und öffentlichen Angelegenheiten höchst gefährlich.« Aber er schloss seinen Brief mit einer versöhnlichen Note: »Ich will jedoch nicht gegen sie beten, dass der Herr alle trügerischen Lippen und hochtönenden Zungen vernichten möge, und auch nicht, dass Er auf ihre Bosheit mit Bosheit antworten solle, sondern vielmehr, das Er sie bekehren und sie zur Vernunft bringen möge. Darum werde ich weiterhin den Herrn, meinen Gott, inständig bitten, wie ich es jetzt schon tue.«

Obwohl der Brief nicht an ihn gerichtet war, beantwortete Calvin ihn binnen fünf Monaten mit einer ausführlichen, sorgfältig ausgearbeiteten Darlegung. Er begann mit der Erklärung, es gehe ihm mit seinen Aktivitäten in Genf nicht darum, seine persönlichen Interessen zu verfolgen, wie Sadoleto das unterstellt habe. Alles was er tue, tue er im Dienst Jesu Christi, nicht im Gehorsam gegenüber der Kirche, sondern gegenüber der Bibel, »und diese Aufgabe hat mir der Herr anvertraut«. »Ja«, so fügte er hinzu, »hätte ich meinen eigenen Interessen folgen wollen, so hätte ich mich nie von Eurer Partei getrennt. Ich kenne schließlich nicht Wenige meines Alters, die in recht hohe Ämter hinaufgekrochen sind, darunter einige, denen ich ebenbürtig gewesen wäre, und andere, die ich überflügelt hätte.« Und bei aller Hochachtung, so fuhr er fort, sei es etwas verdächtig, wenn eine Person, die noch nie in Genf gewesen sei und noch nie irgendwelches Interesse an den Genfern gezeigt habe, »jetzt plötzlich so große Zuneigung für sie an den Tag legt, obwohl es dafür bislang keinerlei Anzeichen gab«. Worauf der Bischof abziele, sei, »die Genfer wieder der Macht des römischen Pontifex zu unterwerfen.« Und was die Erlösung angehe, erklärte Calvin, sei es seiner Ansicht nach keine gesunde Theologie, seine diesbezüglichen Gedanken und Ängste so sehr auf sich selbst zu richten, das heißt auf die eigene Seele, sondern man solle in erster Linie auf die Ehre Gottes bedacht sein. Ja, Werke seien wichtig, jedoch nicht, um das himmlische Leben zu erlangen, sondern um die Herrlichkeit Gottes zu verehren. Zudem solle man diese Herrlichkeit nicht mit derjenigen des Pontifex von Rom und seiner Untergebenen verwechseln. Die Erlösung könne man nur durch Glauben und die Barmherzigkeit Gottes erlangen: »Wir zeigen, dass der einzige Hafen der Sicherheit die Barmherzigkeit Gottes ist, wie sie in Christus offenbar wurde, der unsere Erlösung in jeder Hinsicht vollkommen bewirkt hat. Da die ganze Menschheit in Gottes Augen aus verlorenen Sündern besteht, vertreten wir, dass Christus ihre einzige Gerechtigkeit ist, denn mit seinem Gehorsam hat er unsere Vergehen ausgelöscht.«

An einer Stelle seiner brieflichen Antwort prahlte Calvin mit seiner »gewissenhaften Aufrichtigkeit, von Herzen kommenden Ehrlichkeit und Redegewandtheit«. Und er erhob sogar den Anspruch, im Vergleich zu Sadoleto »beträchtlich erfolgreicher bei der Wahrung von Freundlichkeit und Mäßigung« gewesen zu sein. Das hatte er im August 1539 geschrieben. Diese »Freundlichkeit« hatte er gewiss verloren, als er sechs Jahre später seinen *Catechismus Genevensis* schrieb, mit dem er das theokratische, auf eiserne Disziplin angelegte Regime einführte, dem die Bürger seiner Stadt unterworfen werden sollten. Zu diesem Zeitpunkt war der Calvinismus zur etablierten Ideologie geworden. Jegliche Kritik wurde fanatisch unterdrückt; aber die Kritiker waren nicht zum Schweigen zu bringen.

Die lautstärkste Reaktion kam von Sebastian Castellio, der anfangs ein enger Freund Calvins gewesen, aber dann von dessen zunehmendem Fanatismus abgerückt war und vor allem Calvins Prädestinationslehre kritisierte. Castellio floh schließlich von Genf nach Basel, wo er in noch stärkerem Maß gegen Calvin Toleranz und Gewissensfreiheit betonte. 1553 wurde Michael Servetus, ein etwas verworrener Laientheologe, der die Dreifaltigkeitslehre abgelehnt hatte, in Genf öffentlich auf dem Scheiterhaufen verbrannt. Gegen diesen fürchterlichen Tod hatte Calvin Einwände erhoben und als Alternative erfolglos (»gütigerweise!«) den Tod durch den Strang vorgeschlagen. Auf diese Gräueltat hin veröffentlichte Castellio zwei Traktate, in denen er leidenschaftlich die Verfolgung und Hinrichtung von Häretikern ablehnte. Mit seinem Traktat *De arte dubitandi* (»Über die Kunst des Zweifelns: Glauben, Ignoranz und Wissen«, 1563) distanzierte er sich ganz radikal vom theologischen Fanatismus. Darin versuchte Castellio die vielschichtigen Fragen zu beantworten: Welche christlichen Lehren sollte man dem Zweifel unterwerfen, welche sollte man glauben, über welche braucht man nicht Bescheid zu wissen, und über welche muss man Bescheid wissen? Obwohl sein Traktat sehr breit gefächert war, stellte doch der Zweifel das Thema dar, für das sich Castellio im Gegensatz zu Fanatikern wie Calvin am stärksten interessierte.

Er argumentierte, es gebe im Alten und Neuen Testament viele Stellen, die nur schwer zu glauben seien und dem Zweifel offenstünden. So öffneten zum Beispiel viele Widersprüche dem Zweifel die Tür. Jedoch – und hier ließ sich Castellio auf eine bemerkenswert frühe Form der modernen Hermeneutik ein – sollten wir mit unserem Zweifel so umgehen, dass wir uns auf die Hauptaussage konzentrieren und den Geist der Wörter aus ihrem Gesamtzusammenhang erschließen könnten. Auf diese Weise bereiteten Zweifel und Ungewissheit dem Wissen und der unbezweifelbaren Wahrheit den Weg. Nun gebe es jedoch eine Gattung von Menschen, so fuhr er fort, die behaupte, man solle sich nicht mit Ungewissheit belasten und deshalb unkritisch zu allem Ja und Amen sagen, was in der Heiligen Schrift stehe, sowie jeden ohne Zögern verurteilen, der anderer Ansicht sei. Zudem hätten diese Menschen nicht nur niemals irgendwelche Zweifel, sondern sie könnten es auch nicht zulassen, dass im Kopf irgendeines anderen Menschen Zweifel entstünden. Falls jemand weiterhin zweifle, zögerten solche »fraglos Gläubigen« nicht, diesen einen Skeptiker zu heißen – als ob jemand, der auch nur *irgendetwas* bezweifle, behaupten wolle, *überhaupt nichts* ließe sich mit Gewissheit erkennen oder erfahren. Castellio schrieb mit einer Paraphrase von Kohelet 3,2: »Es gibt eine Zeit zum Zweifeln und eine Zeit zum Glauben; es gibt eine Zeit zum Wissen und eine Zeit zum Nichtwissen.«

Der interessanteste Teil von Castellios Theorie ist der, wo er einerseits Nichtwissen und Wissen und andererseits Zweifel und Glauben nebeneinanderstellt. Er betrachtete das Nichtwissen als unvermeidliche Vorstufe für das Wissen und genauso den Zweifel als Vorstufe für den Glauben. Zudem – und das ist ein bemerkenswerter dialektischer Schritt – sah er Nichtwissen und Zweifel nicht als total gegensätzlich zu Wissen und Glauben, sondern als sich einander bedingend. Das läuft natürlich der Weltsicht »fraglos Gläubiger« aller Zeiten ganz und gar zuwider, nicht nur in der Welt der Religion, sondern genauso in derjenigen des Rationalismus. Was Letzteren angeht, schien Castellio den Aufstieg des naturwissenschaftlichen Rationalismus als inhärente Komponente des Prozesses der Modernisierung bereits vorauszusehen.

Damit lag er vollkommen richtig: Mit dem Aufstieg der Wissenschaften in der westlichen Welt wurden wir zu Zeugen der Geburt dessen, was man zutreffend als »Szientismus« bezeichnet hat: den oft recht fanatischen Glauben an die Allmacht der (hauptsächlich Natur-)Wissenschaften und ihrer technologischen Anwendungen. Das ist eine Form des Rationalismus, die alle Formen angeblicher Unwissenheit fanatisch bekämpft – jedoch in ganz besonderem Maß diejenige der Religion. Während er den religiösen Glauben als irrationale Ignoranz bekämpft, erhebt er die rationalen Wissenschaften (einschließlich der nach dem Vorbild der Naturwissenschaften angelegten Sozialwissenschaften) in geradezu metaphysische Höhen. Ein früher Vertreter dieser rationalistischen Weltsicht war Auguste Comte, den wir in einem vorigen Kapitel vorgestellt haben; er gab ihr den Namen »Positivismus«. Diese Ideologie exerzierte der psychologische und soziologische Behaviorismus im 19. Jahrhundert beispielhaft durch. In den Naturwissenschaften manifestiert sie sich immer noch, wenn auch jetzt im neuen Gewand der »Genetik«. Der »Gott« dieses heutigen Rationalismus ist »das selbstsüchtige Gen«, mit dem eine spätmoderne Variante der Prädestination auf den Plan tritt. Es zerstört wie im calvinistischen Vorbild die Vorstellungen über die Willensfreiheit und die moralisch guten Werke.

»Fraglos Gläubige« – also solche, die wir heute als »Fundamentalisten« bezeichnen – lehnen den Zweifel als inneren Bestandteil des Glaubens natürlich immer ab. Für den wahren fundamentalistischen Gläubigen ist der Glaube nicht, wie ihn Paul Tillich definierte, »ein Glauben an das Unglaubliche«, sondern das Sich-Verlassen auf Gottes oder Allahs unbezweifelbare Offenbarungen, wie sie in heiligen Büchern überliefert, in heiligen Traditionen enthalten und in heiligen Zeremonien erfahren werden. In der derzeitigen Diskussion zwischen Evolutionismus und Kreationismus gibt es eine interessante innere Verwandtschaft von Szientismus und religiösem Fundamentalismus.

Was ist dann also Zweifel?

Der Zweifel ist ein ziemlich komplexes Phänomen; er hat viele Facetten und kennt viele Spielarten. Zunächst einmal gibt es oberflächlichen Zweifel und tiefen Zweifel. Wenn gegen Ende eines üppigen Mahls ein köstlicher Nachtisch serviert wird, fällt es jedem mit starkem Hang zu Süßspeisen schwer, zwischen Ja und Nein zu entscheiden. Ökonomen könnten eine *rationale* Wahlentscheidung erwarten, aber eine solche ist unwahrscheinlich. Man weiß – also rational –, dass es für die eigene Gesundheit besser wäre, Nein zu sagen, aber wie allgemein bekannt ist, sind Versuchungen nur schwer rational zu bekämpfen. Oscar Wilde kannte die Lösung für diese Art von oberflächlichem Zweifel: »Der einzige Weg, eine Versuchung loszuwerden, ist, ihr nachzugeben.« Ein tieferer und stärker quälender Zweifel kann eine Braut oder einen Bräutigam kurz vor der Trauung und dem Fest befallen, was angeblich gar nicht so selten vorkommen soll: »Soll ich mich wirklich mit diesem Menschen auf diese eheliche Bindung einlassen – ›in guten wie in schlechten Tagen, bis dass der Tod uns scheidet‹?« Oder nehmen wir ein anderes Beispiel: Unlängst äußerten in den Niederlanden etliche Allgemeinmediziner ihre quälenden Zweifel bezüglich der legalisierten Sterbehilfe in ihrem Land. In den Niederlanden bleibt die Euthanasie zwar dem Strafgesetz unterworfen, aber unter einigen sehr strikten Bedingungen (und in Fällen tödlicher Krankheit mit schrecklichen Schmerzen) können Ärzte von der Strafverfolgung ausgenommen werden. Aber viele Ärzte kämpfen mit schweren und tiefen Zweifeln, wenn Patienten (und oft auch deren nahe Familienangehörige) sie inständig bitten, dem Leiden ein Ende zu bereiten.

Es gibt die Art von Zweifel, die man bekämpft oder zu meiden sucht, wie das beim religiösen Zweifel oder beim Zweifel an einer bestimmten politischen Überzeugung der Fall ist. Auf diesem Gebiet erfahren »fraglos Gläubige« den Zweifel als einen möglichen Weg zum Glaubensabfall. Aber es gibt auch Zweifel, den man genießen und in dem man sich suhlen möchte, wie das etwa beim Zynismus der Fall ist. Der Zyniker lässt sich als Mensch definieren, der den Zweifel zu einer eigenen Denkweise hochstilisiert und ihn als Lebensstil kultiviert. Nach Ansicht des Zynikers muss alles und jeder Mensch ständig in Frage gestellt werden, da man grundsätzlich nichts und niemanden für ehrlich und vertrauenswürdig halten könne. Die meisten Zyniker sind übrigens der Überzeugung, dass sie selbst die einzige Ausnahme von dieser Regel sind – was natürlich nicht heißt, dass Zyniker aufrichtig und vertrauenswürdig wären.

Während zynischer Zweifel gewöhnlich etwas Verbissenes und Unerbittliches an sich hat, gibt es eine Art von spielerischem Zweifel, der sich in Scherzen und humorvollen Paradoxien äußert. In diesem Fall kommt der Zweifel gewöhnlich in ironischem Gewand daher, das heißt, man sagt etwas, meint damit aber etwas anderes (wobei der Doppelsinn irgendeine Art der Kritik enthält und auf diese Weise für selbstverständlich gehaltene Überzeugungen in zweifelhaftes Licht stellt). Ein bekanntes Beispiel dafür ist die Schrift *Lob der Torheit* von Erasmus von Rotterdam, die mehr ist als eine Übung darin, die mittelalterliche Philosophie und Theologie zu verspotten; er kritisiert darin beißend die Intellektuellen des Mittelalters. Erasmus versucht in diesem Traktat ganz im Stil der spätmittelalterlichen Narren und Possentreiber zum Ausdruck zu bringen, dass der Weisheit, wenn sie sich im Spiegel betrachtet, daraus die Torheit entgegenblickt. Aber das gelte auch umgekehrt: Denn wenn die Torheit in den Spiegel schaue, spiegle ihr dieser Weisheit. Auch wenn das *Lob der Torheit* von Erasmus recht amüsant ist, lässt es beim Leser doch Unbehagen zurück. Erasmus wiederholt die Aussage des Apostels Paulus, dass die Weisheit der Welt in den Augen Gottes Torheit sei. Aber trotz dieser Verbindung mit der Religion bleibt die unbehagliche Tatsache, dass dem Ansatz von Erasmus jede metaphysische Wirklichkeit abgeht. Er verwischt einfach nur die rationalen Grenzen zwischen Weisheit und Torheit. Sie verdunsten, und was übrigbleibt, ist eine Art von kognitivem und existenziellem Nebel. Und aus diesem Nebel steigt ein sehr tiefer, ja banger Zweifel auf.

Kurz gesagt, man kann große und wichtige Dinge in Zweifel ziehen, oder kleine und unwichtige. Man kann Zweifel über sich selbst, die Welt insgesamt oder Gott hegen. Der gemeinsame Nenner ist in allen diesen Fällen, dass dabei die Frage gestellt wird, ob überhaupt etwas oder jemand verlässlich, vertrauenswürdig und sinngebend – das heißt ob etwas oder jemand »wahr« – sei. Die Fragen um Zweifel und Wahrheit sind also genau genommen immer Beziehungsfragen. Im nächsten Kapitel werden wir dieses Thema ausführlicher behandeln.

Ist Zweifel eine Frage von »alles oder nichts«?

Wenn wir vor die Wahl gestellt werden – und wie wir in einem früheren Kapitel gesehen haben, werden wir in der Moderne *ständig* mit *vielen* Entscheidungszwängen konfrontiert – macht sich der Zweifel ganz deutlich bemerkbar. Es gibt ganz oberflächliche Wahlentscheidungen – wie etwa beim Streifen durchs Kaufhaus diejenige, welches Hemd man kaufen soll – oder extrem schwerwiegende – wie im Fall, dass ein Arzt von einem todkranken Patienten angefleht wird, seinem Leiden ein Ende zu bereiten, und es dann darum geht, ob er diesem eine tödliche Medikamentendosis verabreichen soll oder nicht. Aber bei diesen beiden Extremen handelt es sich um *Randfälle*. Am geläufigsten und häufigsten tritt Zweifel im *Mittelfeld* zwischen einerseits religiösem Glauben und Unglauben und andererseits Wissen und Nichtwissen auf. Wie wir gerade gesehen haben, hängen diese zwei Gegensatzpaare in Wirklichkeit innerlich zusammen: Wissen kann Unglauben fördern und Nichtwissen kann das Für-wahr-Halten oder den Glauben fördern. Bezüglich des letzteren Gegensatzpaares führte ein mittelalterlicher Theologe den Begriff der *docta ignorantia* ein, des gelehrten Nichtwissens, und zwar als Methode zur Vertiefung des eigenen mystischen Gespürs für das Göttliche. Wenn man andererseits die heiligen Texte der Religion wissenschaftlich analysiert – historisch und vergleichend –, dann kann einem der eigene Glaube leicht in Richtung Nichtglauben entgleiten. Das Mittelfeld von all dem ist der Zweifel: eine grundlegende Ungewissheit, die sich nicht so leicht vom Glauben oder Nichtglauben, Wissen oder Nichtwissen aus der Bahn werfen lässt.

Gerade weil der echte Zweifel dieses Mittelfeld einnimmt, kann er nie in einen der vielen »-ismen« führen, die die Menschen erfunden und propagiert haben. Echter Zweifel kann nicht relativistisch sein, denn der Relativismus unterdrückt genau wie alle anderen »-ismen« auch den Zweifel. Der Renaissance-Gelehrte Michel de Montaigne entwarf in seinen berühmten Essays eine pragmatische, der Metaphysik und Religion abgeneigte Philosophie des Alltagslebens. Er schlug sich mit dem folgenden Paradox herum: Zwar betonte er ständig die Relativität aller menschlichen Ideen, Ambitionen, Projekte und Aktivitäten, aber dennoch weigerte er sich, sich mit einem einfachen Relativismus zufriedenzugeben. In einem seiner Essays bemerkte er ironisch, dass man, wenn man sage »Ich zweifle«, sich darüber im Klaren sein solle, dass man offensichtlich *wisse*, dass man zweifle – und damit sei man dann ja doch kein so großer Zweifler! (Das lässt an das Beispiel der Sophisten für ausweglose Logik denken: Wenn ein Kreter behaupte, dass alle Kreter Lügner seien, müsse diese Behauptung eine Lüge sein.) Was Montaigne dabei übersah, war die Möglichkeit, sein eigenes Zweifeln zu bezweifeln. Ein flämischer Dichter formulierte dieses Dilemma einmal so: »Der Mensch scheint sich von Anfang an in der Lage zu befinden, dass er seine Zweifel über den Zweifel hat.« Zu beachten ist hier, dass schon die Aussage in Form eines Zweifels vorgebracht wird: »scheint sich … in der Lage zu befinden«, woraufhin angemerkt wird, dass der Mensch grundsätzlich in der Situation sei, Zweifel bezüglich seines Zweifelns zu haben. Das öffnet natürlich dem Wissen und Glauben eine Tür, aber das ist dann eine stammelnde Art von Wissen und Glauben – nicht das Wissen und der Glauben des »fraglos Gläubigen«. Hier *blickt man* sozusagen auf die Vorderseite von Wissen und Glauben und weiß zugleich, dass deren Rückseite Nichtwissen und Nichtglauben sind. Es braucht nicht eigens gesagt zu werden, dass diese Position weit entfernt von jenem Zynismus und Relativismus ist, mit dem sie oft gleichgesetzt wird.

Diese Art von Zweifel ist für eine echt agnostische Position typisch. (Dabei sollte man den Begriff »Agnostizismus« vermeiden, denn dem agnostischen Zweifel ist jeder »-ismus« fremd.) Der Agnostiker ist kein Atheist. Letzterer neigt sehr dazu, einem oft fanatischen »-ismus« anzuhängen; er ist ein selbstdefinierter Ungläubiger, der loszieht, um jede Art von religiöser Überzeugung und Institution zu bekämpfen: *Écrasez l'infâme!* Politisch verteidigen Atheisten eine strikte Trennung von Kirche (Moschee, Tempel, Synagoge) und Staat, und viele von ihnen wollen darüber hinaus mit Gewalt alle Spuren einer persönlichen und institutionellen Religion ausmerzen. Das versuchte Stalin fertigzubringen, aber es gelang ihm nicht, weil seiner Ersatzreligion, dem Stalinismus, jeder innere Halt fehlte – er konnte sie nur mittels Terror und Massenmord aufrechterhalten. Das war in der Tat ein »Gott«, der scheiterte. Die meisten Atheisten begnügen sich mit dem Kompromiss einer Trennung von Kirche und Staat und beschränken sich darauf, ihre gläubigen Gegner in Vortragssälen, Zeitschriften und Zeitungen zu bekämpfen. Seit der Entdeckung der DNS erheben sie genetische Strukturen und Prozesse oft in metaphysische Höhen, wie etwa im Fall des bereits erwähnten »selbstsüchtigen Gens«. Für viele Atheisten ist Darwin als Gründer einer Doktrin namens »Darwinismus« eine Art religiöser Prophet. Bei den jüngsten Auseinandersetzungen um dänische Karikaturen, die den Propheten Mohammed ins Lächerliche zogen, rief ein bekennender darwinistischer Atheist voller Erregung aus: »Warum dürfen wir uns nicht über den Propheten Mohammed lustig machen? Muslime und andere kreationistische Gläubige veröffentlichen doch auch hemmungslos Karikaturen, die meinen Propheten als Affen darstellen!« Das Lustige daran war, dass dieser Atheist das nicht als Spaß verstand. Er war der Inbegriff eines »fraglos atheistisch Gläubigen«.

Die agnostische Position ist ihrer Definition nach schwach. Der Agnostiker lehnt anders als der Atheist nicht radikal ab, was in der Religion geglaubt wird. Vielleicht *möchte* er sogar ganz gern glauben können wie der Gläubige, aber das Wissen, das er sich durch Studium und eigene Erfahrung erworben hat, hält ihn davon ab. Fragt man ihn, ob er an ein Weiterleben nach dem Tod glaube, antwortet der Agnostiker nicht so, wie das der Atheist tun würde: »Nein, natürlich nicht. Mein Tod bedeutet mein absolutes Ende.« Der Agnostiker würde vielmehr leise einräumen: »Na ja, vielleicht blüht mir da eine Überraschung.« Das Markenzeichen des Agnostikers ist der Zweifel. Der Gläubige könnte ihm unmittelbar zur Antwort geben, dass auch er ständig mit Zweifeln zu ringen habe, und hinzufügen, dass er gerade darum einem Glauben und nicht einem Wissen anhänge. Der Unterschied zwischen beiden besteht darin, dass der Glaubende vom Zweifel geplagt wird, aber sich ständig darum bemüht, ihn loszuwerden, während zum Agnostiker der Zweifel dazugehört. Falls der Glaubende nicht durch und durch ein fanatischer Gläubiger wie Calvin ist, lebt er in und mit einem Glauben, der vom Zweifel verstört wird. Und falls der Agnostiker nicht ein fanatischer Atheist wie der gerade zitierte Darwinist ist, lebt er mit einem Zweifel, der vom Glauben verstört wird. Die Grenzlinie zwischen beiden ist dünn, aber ganz wesentlich.

Es gibt einen kausalen Zusammenhang zwischen rationaler Kritik und Zweifel. Wenn Descartes, auf dessen Philosophie wir im dritten Kapitel zu sprechen kamen, verkündete: *De omnibus dubitandum est*, »Man muss alles in Zweifel ziehen«, verstand er das als methodischen und epistemologischen Ansatz, mittels dessen er auf rationale Weise zur Wahrheit zu gelangen versuchte. Das heißt, man sollte dabei alle religiösen Lehren und metaphysischen Theorien ausklammern, die sich im Lauf der Geschichte des menschlichen Denkens angehäuft haben. Oder modern gesprochen, man sollte die Festplatte seines Geistes säubern, indem man alle von früheren Generationen abgespeicherten Informationen löscht. Descartes ging es darum, uns von dem zu befreien, was Montaigne »die Tyrannei unserer Überzeugungen« nannte, und das zu fördern, was wiederum Montaigne als »die Freiheit unserer Urteile« beschrieb. Montaigne und Descartes standen in der Tradition von Sokrates, dessen Gesprächsführung darin bestanden hatte, seinen Schülern Fragen zu stellen, mit denen er ihre vorgefassten Ideen und gängigen (aber oft falschen) Überzeugungen zerstören wollte. Er stellte Fragen und behauptete, die Antworten nicht zu kennen. Sein Ziel war es nicht, Überzeugungen zu lehren, sondern den Geist von falschen Überzeugungen, vorgefassten Vorstellungen und unzutreffenden Vorurteilen zu säubern. Anders gesagt: Sokrates leitete seine Schüler dazu an, ihre Überzeugungen systematisch dem grundsätzlichen Zweifel zu unterwerfen. Diese »Logik« des Zweifels griff Francis Bacon wieder auf, der eine Philosophie – oder besser: eine Methodologie – entwarf, die der praktischen, wissenschaftlichen Interpretation »des Buchs der Natur« dienen sollte, und zwar ausgehend von präzisen und detaillierten Beobachtungen der Wirklichkeit. Eine unumgängliche Vorbedingung dafür war es, die *idola* ausmerzen zu lernen, die Trugschlüsse, die wir im Kopf herumtragen und die uns daran hindern, die Realität fehlerfrei zu erkennen. Eine Gruppe von *idola* nannte er die »Trugschlüsse des Marktes«, die in der

Gesellschaft entstehen, in der die Menschen ständig miteinander verkehren und sich mit Transaktionen aller Art abgeben. Hier findet sich bereits vor rund vierhundert Jahren ein erster Ansatz zur Wissenssoziologie. Eine andere Gruppe, die er als »Trugschlüsse des Theaters« bezeichnete, besteht aus den überlieferten Vorstellungen antiker und mittelalterlicher Philosophen, die sich als Klischees an unseren Geist geheftet haben. Alle diese *idola* müsse man dem systematischen Zweifel unterziehen.

Es leuchtet ein, dass die Methode von Sokrates, Descartes und Bacon einer grundlegenden Art des kognitiven Zweifels die Tore öffnet. Dieser Zweifel steht tatsächlich in einer Linie des rational-kritischen Denkens, an die im vorigen Jahrhundert Karl Popper anknüpfte, als er die Vorstellung einführte, das probate Mittel der wissenschaftlichen Forschung sei nicht die Verifikation, sondern, im Gegenteil, die Falsifikation. Theologen und metaphysische Philosophen versuchen, die Wahrheit ihrer Theorien aufzuzeigen – also Verifikation zu betreiben –, während kritisch-rationale Wissenschaftler die Ergebnisse ihrer Untersuchungen für die Falsifikation offenhalten: »Zeigt mir, worin meine Hypothesen und Theorien falsch sind!« Nur auf diesem Weg kann unser Wissen über die Welt Schritt für Schritt Fortschritte machen. Das ist eine Form der voranschreitenden Evolution des Wissens durch ständiges Weiterwachsen, die jedoch permanent vom Zweifel begleitet wird.

In seinem unvollendeten Essay über den Spruch *De omnibus dubitandum est* von Descartes behauptete Søren Kierkegaard, der Zweifel sei etwas Negatives, weil er über bestehende Theorien und Vorstellungen immer kritisch reflektiere. Er erklärte: »Zweifeln heißt, seine Zustimmung verweigern. Das Merkwürdige ist, dass ich jedes Mal, wenn etwas geschieht, meine Zustimmung verweigere.« So wäre der Zweifel seinem Wesen nach eine Reaktion und daher nicht als Einstieg in die Philosophie tauglich, wie Descartes und andere uns glauben machen wollten. Vielmehr sollte man als Quelle des angemessenen philosophischen Denkens eine Haltung des Staunens über die uns umgebende Welt einnehmen. Kierkegaard fand, dieses Staunen sei im Gegensatz zum Zweifel eine positive Einstellung, die nicht reflexiv sei, sondern Eigeninitiative zeige. Wir könnten hinzufügen, dass Staunen und Neugier zudem an der Wiege der wissenschaftlichen Forschung stehen. Jedoch ist es fragwürdig, den Zweifel als negativ und das Staunen als positiv derart in Gegensatz zueinander zu stellen, wie es Kierkegaard tut. Denn das Staunen stellt sich nämlich nicht in einer neutralen Umgebung ein, sondern ist immer von baconschen *idola* umstellt, die ausgeklammert oder ausgerottet werden müssen, damit wir überhaupt in der Lage sein können, über die uns umgebende Welt zu staunen. Das Kleinkind kann in reinem Staunen auf die Welt eingehen, weil es noch von keinerlei *idola* beeinträchtigt ist. Aber der erwachsene Mensch ist durch und durch in einer Realität sozialisiert und kulturell eingebunden, die sich nicht mehr als selbstverständlich hinnehmen lässt. Das ist ganz sicher der Fall in einer voll modernisierten und daher, wie wir weiter oben gesehen haben, pluralisierten Gesellschaft. In einer solchen Gesellschaft sind Zweifel und Staunen sozusagen Zwillinge.

Was unterscheidet redlichen Zweifel von bloßem Zynismus?

Der Relativismus, wie er im dritten Kapitel erörtert wurde, und der oben besprochene Zynismus zeichnen sich durch Formen des Zweifels aus, die logisch inkonsistent und moralisch tadelnswert sind. Die moralischen Dimensionen des Zweifels werden wir im nächsten Kapitel erörtern. An dieser Stelle hier müssen wir uns kurz über die inkonsistente Natur des Zynismus und Relativismus Gedanken machen und dieser inkonsistenten Spielart die konsistente und redliche Form des Zweifels gegenüberstellen. Relativismus und Zynismus unterwerfen alles und jeden dem Zweifel, jedoch werden sie als »-ismen« im Allgemeinen von »fraglos Gläubigen« vertreten, die als solche diesen Zweifel auf sich selbst nicht anwenden. Kierkegaard wies spöttisch auf die Inkonsequenz des Relativisten hin. Dass sich jemand für den Zweifel entscheide, sei verständlich, aber *nicht* verständlich sei, dass jemand einem anderen den Zweifel als das einzig Wahre aufschwatze. »Falls der andere nicht zu langsam reagiert, müsste er ihm eigentlich erwidern: ›Vielen Dank, aber entschuldigen Sie, jetzt muss ich auch die Richtigkeit Ihrer Ansicht bezweifeln!‹«

Konsistenter und aufrichtiger Zweifel ist für jeglichen »-ismus« tödlich, insbesondere für Relativismus und Zynismus, die dazu neigen, den Zweifel zu ihrem eigenen Vorteil zu vereinnahmen. Versuchen wir jetzt, die Dimensionen eines konsistenten und aufrichtigen Zweifels zusammenzufassen:

Zweifel ist allen »-ismen« und ihren »fraglos Gläubigen« fremd, und auch allen Relativisten und Zynikern. Wie wir oben gesehen haben, scheint der Mensch so angelegt zu sein, dass er seine Zweifel am Zweifel hat. Die Wahrheit wird nicht geleugnet oder verworfen, sondern geglaubt. Um noch einmal an Musil zu erinnern: Die Stimme der Wahrheit hat einen verdächtigen Unterton. Tatsächlich kann Poppers methodologischer Ansatz, alles zu falsifizieren, so ausgeweitet werden, dass das Leben ganz vom Zweifel durchsetzt ist. »Fraglos Gläubige« gründen ihre Existenz auf dem angeblichen Fels einer unbezweifelbaren Wahrheit, der eine Fülle von »Verifikationen« bietet, das heißt von Beweisen für diese unbezweifelbare Wahrheit. Zweifelnde jedoch – also solche, die ihr Leben mit aufrichtigen und konsistenten Zweifeln verbringen –, suchen stattdessen nach »Falsifikationen«, das heißt zweifelhaften Fällen und Situationen. Schließlich kann der Einzelne in einem langsamen Evolutionsprozess zu einem hohen Grad von Wahrscheinlichkeit kommen – wobei das Wort »Wahrscheinlichkeit« so zu verstehen wäre, dass dann tatsächlich ein Stück Wahrheit »aufscheint« (und nicht etwa, dass man einen bloßen Anschein von Wahrheit findet oder eine nur scheinbare Wahrheit).

Aufrichtiger und konsistenter Zweifel ist die Quelle der Toleranz, wie Castellio in seinem Widerstand gegen Calvins theokratischen Terror aufzeigte. Castellio glaubte an Gott, aber sein Glaube blieb an den Zweifel geknüpft, genau wie er mit seinem beträchtlichen Wissen nie übersah, dass darin immer ein Stück Unwissen steckt. Diese Weltsicht ist natürlich mehr als nur eine private, persönliche Einstellung. Sie begründet eine Lebensweise, die an der Wiege der westlichen Demokratie steht. Tatsächlich ist der Zweifel das Kennzeichen der Demokratie, genau wie die (angebliche und fest geglaubte) absolute Wahrheit das Kennzeichen jeder Art von Tyrannei ist. Schließlich ist ja die institutionalisierte Opposition als fester Bestandteil einer Mehrparteienregierung eine kritische Gegenkraft und als solche für das demokratische politische System ganz wesentlich. Die Parlamentsdebatten über das Für und Wider politischer Entscheidungen werden in den Medien und Konferenzsälen der Zivilgesellschaft fortgesetzt. Würde das Zweifeln endgültig und vollständig aufhören, wäre damit auch die Demokratie am Ende: Es gäbe nichts mehr, worüber man debattieren müsste. In diesem vom systematischen politischen Zweifel geschaffenen öffentlichen Raum werden unsere zivilen Freiheiten und verfassten Rechte gewährleistet. Kurz: Ohne aufrichtigen und konsistenten Zweifel ist eine Demokratie undenkbar. Im nächsten Kapitel werden wir dann ausführlicher sehen, wie umgekehrt unser existenzieller Zweifel auf die Absicherung und Garantie durch einen demokratischen, verfassungsmäßigen Staat angewiesen ist.

Kann Zweifel existieren, ohne in Relativismus zu verfallen?

Bevor wir dieses Kapitel abschließen, möchten wir noch kurz auf eine in religiösen Begriffen definierte »mittlere Position« zwischen Relativismus und Fundamentalismus zu sprechen kommen und sodann versuchen, deren Voraussetzungen – seien sie religiöser oder anderer Natur – zu skizzieren.

Was immer man an Max Webers Vorstellungen über die innere Beziehung zwischen dem Protestantismus und dem Entstehen des modernen Kapitalismus auszusetzen haben mag, so gab es eine Sache, die er sehr gut verstand und die nur wenige Kritiker in Frage gestellt haben: nämlich, dass der Protestantismus eine einzigartige Beziehung zur Modernität hatte. Hier ist nicht der Ort, um diese Behauptung noch einmal ausführlich zu begründen. Aber worum es im Wesentlichen geht, ist ziemlich klar: Indem die Reformation auf einmalige Weise das freie Gewissen des Einzelnen betonte, legte sie die Grundlagen für die moderne Subjektivität – und folglich für jenes breite Spektrum von Rechten des Individuums, die seit der Aufklärung entwickelt und verfeinert wurden.

Es kann nicht genug betont werden, dass diese historische Leistung nicht beabsichtigt war – ja, Luther und Calvin wären von vielen Zügen der Modernität entsetzt gewesen. Und keiner der Reformatoren kann glaubhaft als Vertreter einer »mittleren Position« bezeichnet werden, wie sie im vorliegenden Kapitel definiert wurde. Über die Darstellung Calvins als – buchstäblicher! – *bona fide*-Fanatiker wurde genug gesagt. Luther ist etwas schwieriger in dieser Kategorie unterzubringen (vielleicht hauptsächlich deshalb, weil er einen sehr ausgeprägten Sinn für Humor hatte). Er mag bei keinen Ketzerverbrennungen auf dem Marktplatz von Wittenberg den Vorsitz gehabt haben, aber seine blutdürstigen Schriften während des Bauernaufstands und der abstoßende Antisemitismus seiner späteren Jahre disqualifizieren ihn sicherlich von der Anwartschaft auf Auszeichnungen dafür, ein besonders humanes Denken gefördert zu haben. Aber dennoch ist es möglich, in eindeutig protestantischen Kategorien eine »mittlere Position« zu definieren. Anfangen kann man damit, dass man seine bahnbrechende Idee von der Erlösung allein durch Glauben *(sola fide)* herausarbeitet (und noch einmal: Luther hatte dies ganz klar nicht beabsichtigt). Glaube ist seiner Definition nach nicht Gewissheit, und folglich lässt sich der Zweifel recht leicht mit einer lutherischen Version des Protestantismus vereinbaren. Genauso macht Luthers Lehre von den zwei Reichen – dem irdischen und dem geistlichen – die Art von Theokratie, die Calvin in Genf errichtete, unmöglich. Und die lutherische Ethik führte (sowohl direkt als auch indirekt) im 19. Jahrhundert in Deutschland zur Geburt des modernen Wohlfahrtsstaats.

Auch der Calvinismus hatte bemerkenswert unbeabsichtigte Konsequenzen. Einer seiner erbittertsten Zweige (der eindeutig die Bezeichnung Fanatismus verdiente) war der im frühen Neuengland vorherrschende Puritanismus. Aber die besonderen amerikanischen Umstände, die es erforderten, mit einer Pluralität religiöser Gruppen zusammenleben zu müssen, führten ungewollt zur Umformung der Kirchen in Freiwilligenverbände und folglich zu religiöser Toleranz und zur Trennung von Kirche und Staat.

Vermutlich die dramatischste Manifestation einer protestantischen »mittleren Position«, die ein Gleichgewicht zwischen Glaube und Zweifel herzustellen versuchte, war die Geburt der modernen Bibelwissenschaft in den theologischen Fakultäten des 19. Jahrhunderts, besonders in Deutschland. Es war ein einmaliger Fall in der Religionsgeschichte, dass professionelle Theologen die umstrittene Disziplin der modernen historischen Methoden auf ihre eigenen heiligen Schriften anwandten – nicht in der Absicht, ihren Glauben anzugreifen, sondern, um ihn mit aus anderen Quellen abgeleiteten Wahrheiten zu versöhnen.

Wenn man auf religiösem Gebiet eine »mittlere Position« definieren möchte, ist es hilfreich, Protestant zu sein. Aber um das tun zu können, *muss* man nicht Protestant sein: Eine solche Übung kann man auch in jeder anderen christlichen Tradition unternehmen (namentlich im römischen Katholizismus im Gefolge des Zweiten Vatikanischen Konzils), in der östlichen Orthodoxie (namentlich anhand der Werke von Theologen in der Diaspora im Westen), im Judentum (insbesondere vom Kernansatz der höchst undogmatischen und skeptischen rabbinischen Methode her) und im Islam (indem man auf dem Begriff der koranischen Interpretation, *ijtihad*, aufbaut). Es muss wohl nicht eigens gesagt werden, dass all dies hier nicht weiter ausgeführt werden kann.

Eines der von Immanuel Kant im 18. Jahrhundert geschriebenen Bücher trägt den eindrucksvollen Titel *Prolegomena zu einer jeden künftigen Metaphysik, die als Wissenschaft wird auftreten können*. Wir möchten uns zwar nicht auf eine Ebene mit Kant stellen, aber trotzdem am liebsten dem letzten Abschnitt dieses Kapitels den Titel geben: »Vorbedingungen für jede künftige Weltsicht, die als ›mittlere Position‹ zwischen Relativismus und Fundamentalismus wird auftreten können«. Diese Vorbedingungen sind:

1. *Differenzierung zwischen dem Kern der Position und eher marginalen Komponenten* (die Letzteren bezeichneten die Theologen als *adiaphora*). Die praktische Konsequenz dieser Differenzierung ist, dass man damit die äußeren Grenzen des möglichen Kompromisses mit anderen Positionen markiert. In der modernen pluralen Situation ist der Druck in Richtung solcher Kompromisse stark – in wissenssoziologischen Begriffen gesprochen: in Richtung des kognitiven und/oder normativen Verhandelns. So könnten zum Beispiel christliche Theologen die Auferstehung Christi als *Kern*, aber die anderen Wunder im Neuen Testament als im Prinzip verhandelbar definieren. Oder um ein anderes Beispiel aus der derzeitigen

europäischen Debatte um die Integration muslimischer Immigranten in demokratische Gesellschaften zu wählen: Die vom traditionell islamischen Gesetz geforderten Verstümmelungen und Steinigungen könnten als nicht verhandelbar abgelehnt werden, aber das Tragen von Kopftüchern *(hijab)* im Namen der »islamischen Sittsamkeit« könnte verhandelbar sein.

2. *Offenheit für die Anwendung der modernen historischen Wissenschaft auf die eigene Tradition* – das heißt die Anerkennung des historischen Kontexts der Tradition. Diese Anerkennung macht die Aufrechterhaltung des Fundamentalismus schwierig. Wir haben bereits das dramatische Beispiel der protestantischen Bibelwissenschaft angeführt, deren Offenheit inzwischen von den Katholiken und einigen Juden übernommen worden ist, jedoch bis jetzt erst von wenigen Muslimen (wenn überhaupt). Im letzteren Fall wird eine *theologische* statt bloß eine *faktische* Differenzierung zwischen den Teilen des Korans, die in Mekka, und denjenigen, die in Medina entstanden, sehr wichtig sein, um zwischen Kernthemen und *adiaphora* im islamischen Denken (und auch in der islamischen Praxis) zu unterscheiden.

Dieser Punkt ist offensichtlich für religiöse Traditionen relevanter als für säkulare, obwohl es auch analoge säkulare Fälle gibt. Ein interessantes Beispiel dafür sind die Diskussionen im Marxismus über das Verhältnis zwischen den Frühschriften von Marx und seinem Werk *Das Kapital*.

3. *Ablehnung des Relativismus als Ausgleich zur Ablehnung des Fundamentalismus.* Der Relativismus führt unerbittlich in den weiter oben in diesem Kapitel erörterten Zynismus. Falls kognitiv und auch moralisch »alles geht«, wird diese Position als solche grundsätzlich irrelevant: Denn wenn es so etwas wie Wahrheit überhaupt nicht gibt, wird die eigene Position zu etwas vollkommen Willkürlichem. Würde der Rela-

tivismus kognitiv angewandt, dann hätte die Vorstellung, die Erde sei eine flache Scheibe, den gleichen epistemologischen Rang wie die moderne Astronomie – oder, um ein aktuelleres Beispiel zu nehmen, dann müssten Kreationismus und Evolution im Lehrplan der Gymnasien genau gleichrangig behandelt werden. Der Relativismus hat zudem auch normative Konsequenzen: Er würde argumentieren, dass das »Narrativ« des Vergewaltigers nicht weniger gültig sei als das seines Opfers.

4. *Akzeptanz des Zweifels als Träger einer positiven Rolle in der je eigenen Glaubensgemeinschaft.* Hier brauchen wir nicht zu wiederholen, was dazu bereits weiter oben in diesem Kapitel gesagt wurde.

5. *Definition der »Anderen«, die nicht die eigene Weltsicht teilen, auf eine Weise, die sie nicht als Feinde kategorisiert* (ausgenommen natürlich, sie verträten *moralisch* verabscheuenswerte Ansichten). Das heißt, die Glaubensgemeinschaft muss dazu fähig sein, in einer zivilen Kultur zu leben und sich auf die friedliche Kommunikation mit den »Anderen« einzulassen. Offensichtlich führt das Fehlen solcher Zivilkultur in der Gesellschaft zu zerstörerischen Prozessen, angefangen von einem Klima ständigen gegenseitigen Verunglimpfens im öffentlichen Leben bis zum gewalttätigen Bürgerkrieg.

6. *Entwicklung und Instandhaltung von Institutionen der Zivilgesellschaft, die friedliche Debatten und Konfliktlösungen ermöglichen.* Politisch ist der liberale demokratische Staat, der die Menschen- und Bürgerrechte garantiert (namentlich die Religions- und Versammlungsfreiheit) bei Weitem das bestmögliche politische System zur Ermöglichung friedlicher Debatten und Konfliktlösungen. Sogar die jakobinische Formel, die zwischen dem Individuum und dem Staat keinen Mittler zulässt, führt nicht zur Mäßigung der »mittleren Posi-

tionen«, selbst wenn der Staat auf formaler Ebene demokratisch ist. Die Geschichte hat erwiesen, dass »vermittelnde Strukturen« notwendig sind: ein Spektrum von Institutionen, die zwischen dem Privatleben und dem Staat stehen. Das ist mit *liberaler* Demokratie gemeint. Unlängst hat uns der Politik-Kolumnist Fareed Zakaria daran erinnert, dass es auch *illiberale* Demokratien gibt, die die Maschinerie von Wahlen nach dem Wettbewerbsprinzip zwar beibehalten, jedoch ohne dass diese in der Zivilgesellschaft eine Grundlage hätten. Auf diesen Punkt macht uns deutlich aufmerksam, was in jüngster Zeit in verschiedenen Ländern des Mittleren Ostens vor sich ging.

7. *Akzeptanz der* Wahlmöglichkeit, *und zwar nicht nur als empirische, sondern als moralisch wünschenswerte Tatsache.* Bei dieser Akzeptanz geht es nicht bloß darum, es den Individuen zu gestatten, unbehelligt Wahlentscheidungen aus einem breiten Spektrum von religiösen, moralischen und den Lebensstil anbelangenden Themen zu treffen (offensichtlich innerhalb bestimmter Grenzen: Ich sollte zwar die Freiheit haben, meinen religiösen Überzeugungen zu folgen, aber trotzdem darf ich keinen rituellen Kannibalismus praktizieren; oder ich darf zwar meine »sexuelle Präferenz« wählen, aber nicht dann, wenn Vergewaltigung dazugehört). Dazu gehört vielmehr auch eine Institutionalisierung: Es wird also eine Pluralität freiwilliger Interessensverbände zugelassen, die ebenfalls ein breites Spektrum religiöser und moralischer Überzeugungen und Lebensstile pflegen dürfen.

6 Die Grenzen des Zweifels

Es gibt für den Zweifel kognitive und moralische Grenzen. Wie wir bereits gesehen haben, gibt es hinreichend Gründe für den *Zweifel* am Zweifel. Wir werden dieses Thema jetzt ausführlicher behandeln und dabei auf das zentrale Paradox des Zweifels stoßen: Dass wir mit beträchtlicher Ungewissheit bezüglich unserer kognitiven Definitionen der Realität (wie etwa unserer religiösen Weltsicht) leben können, aber zugleich in der Lage sind, mit dem Empfinden großer Gewissheit moralische Urteile zu fällen. Um nur ein Beispiel anzuführen (das leider zur Zeit dieser Niederschrift hier in den USA ein immer noch aktuelles Thema zu sein scheint): Wir können unabhängig von unserer politischen oder religiösen Orientierung mit Gewissheit sagen, dass Folter zu allen Zeiten und an allen Orten absolut inakzeptabel ist.

Ab welchem Punkt und in welchem Maß sollte man den Zweifel selbst in Zweifel ziehen?

Eine primäre Funktion des Zweifels besteht darin, Urteile aufzuschieben. Der Zweifel richtet sich insbesondere gegen überstürztes Urteilen, Vorverurteilungen und Vorurteile. Jedoch besteht hier ein hohes Risiko, und genau an diesem Punkt sollte uns aufgehen, wie problematisch der Zweifel sein kann – oder, um es anders auszudrücken, an diesem Punkt sollte man den Zweifel anzweifeln. Schließlich kann man sich ja in seinem Leben auch um Urteile drücken (allerdings gewiss nicht in der Politik und in Fragen der Weltsicht und der Religion). Ein Zweifler kann die Fakten, die Möglichkeiten und die verfügbaren Optionen sorgfältig bedenken, bevor er zu einem Schluss kommt und ein Urteil fällt, aber am

Ende muss er eine Wahl treffen und Maßnahmen ergreifen. Das exzessive Aufschieben von Entscheidungen und Maßnahmen kann zu katastrophalen Folgen führen, wie sich das immer wieder in Situationen des Kriegs und schwerwiegender sozialer Unruhen gezeigt hat. In gewisser Hinsicht ist es auch eine Entscheidung, keine Entscheidung zu treffen – aber für gewöhnlich eine tragische. Noch präziser gesagt: Grenzenloses Zweifeln führt zu individueller und kollektiver Lähmung. Ein klassisches Beispiel dafür ist das Gleichnis aus dem 14. Jahrhundert über Buridans Esel.

Soziologisch gesprochen neigt der Zweifel dazu, die Gewissheit traditioneller Institutionen zu unterhöhlen. Institutionelle Gewissheit ist, falls sie gut funktioniert, der vorreflexive, selbstverständliche und in Traditionen begründete »Hintergrund« einer Gesellschaft. Der Typ von Zweifel, von dem hier die Rede ist, zerstört nicht *absichtlich* diese institutionelle Gewissheit, schon allein deswegen nicht, weil Zweifel jeder Art von radikaler Rebellion und Revolution gegenüber abgeneigt ist. Dennoch stellt er zuweilen die Selbstverständlichkeit verschiedener Institutionen in Frage und unterwirft sie genauerer Überprüfung. Innerhalb gewisser Grenzen erfüllt diese Art von Zweifel eine nützliche soziale Funktion. Tatsächlich hat dieser Hang zum »Entlarven« seinen sehr positiven Beitrag zum modernen sozialen Denken geleistet. Aber Zweifel ohne alle Grenzen – Zweifel, der alle und jede Gewissheit aufgegeben hat – führt in einen fruchtlosen Subjektivismus, in dem das Individuum endlos über Optionen nachdenkt und sämtliche Möglichkeiten abwägt. Wie Gehlen überzeugend dargelegt hat, kommen Subjektivisten dieser Art gewöhnlich zu einem vollständigen Stillstand: in einen Zustand, den er als »Handlungsverlust« bezeichnete. Wenn der Zweifel die wohltuende Gewissheit einer Institution zerstört, verursacht er eine grundlegende Unruhe. Zugegeben, diese Ruhelosigkeit mag insofern fruchtbar sein, als sie einen grundlegenden kulturellen Wandel herbeiführen und sogar die Vorbedingung für künstlerische oder intellektuelle Kreativität sein kann. Wenn jedoch der anti-institutionelle Zweifel tief in die Köpfe und Stimmungen der Bevölkerung einzieht, kann er zur Quelle von Chaos und Unordnung degenerieren oder, wie wir bereits gesehen haben, auf Zynismus und gedankenlosen Relativismus hinauslaufen. Anders als die falsche Gewissheit des »fraglos Gläubigen« ist der Zweifel eine riskante Sache.

Zynismus und extremer Relativismus sind nicht die einzigen Gefahren, die hier ins Spiel kommen. Wird der Zweifel systematisch angewandt, so kann er in Verzagtheit enden, im Verlust von Hoffnung und Handlungsfähigkeit. Zweifel, insbesondere Zweifel am Zweifel, schlägt leicht in Verzweiflung um. In der Wurzel der beiden deutschen Begriffe »Zweifel« und »Verzweiflung« steckt das Wort »zwei«: Beide Begriffe weisen darauf hin, dass man vor der Wahl (im »*Zwie*spalt«) zwischen zwei einander ausschließenden Möglichkeiten steht. Im Mittelhochdeutschen bedeutete das Wort *twi-fla* »zweifache Bedeutung«, und diese gemeinsame Wurzel zeigt sich auch im eng damit verwandten Wort »Verzweiflung«. Diese Art von Verzweiflung ist ganz eindeutig das Gegenteil von Zynismus, denn bei diesem handelt es sich um die prahlerische Zurschaustellung eines angeblich allgegenwärtigen Zweifels. Wenn der Zweifel über den Zweifel in die Verzweiflung abrutscht, ist das natürlich kein Grund zum Jubeln.

Wie können wir zu moralischer Gewissheit gelangen?

Wir sind nun in den Kern des in diesem Kapitel angesprochenen Problems vorgestoßen: *Auf welcher Grundlage lassen sich mit großer Gewissheit moralische Urteile fällen? Und wie kann eine solche Sicherheit in sozialen Institutionen festgeschrieben werden?*

Der große Rabbi Hillel, ein alter jüdischer Weiser, behauptete, der Sinn der ganzen Tora lasse sich in der kurzen Zeit beschreiben, während der man auf einem Fuß stehen bleiben könne. Dieser Sinn sei, so fuhr er fort, dass man einem anderen nicht antun solle, was einem selbst missfalle (das war übrigens die erste Formulierung der Goldenen Regel). Dann fügte Hillel hinzu: »Der Rest ist Kommentar.« Man könnte sagen, auch alle moralischen Gewissheiten des Menschen ließen sich auf einem Fuß stehend aufsagen, nämlich mit einer Formulierung aus der Verfassung der Bundesrepublik Deutschland: »Die Würde des Menschen ist unantastbar. Der Rest ist Kommentar.« Es ist aufschlussreich, sich an den historischen Kontext dieses Satzes zu erinnern. Wäre nicht zur Zeit des Dritten Reichs die Würde des Menschen auf entsetzliche Weise mit Füßen getreten worden, so wäre wahrscheinlich diese Aussage über die Würde des Menschen nicht in den Text einer Staatsverfassung aufgenommen worden. Nicht immer, aber sehr oft, ergibt sich die Gewissheit von moralischen Urteilen in Situationen, in denen man sich gezwungen sieht, Beispielen offensichtlicher und massiver Unmoral die Stirn zu bieten.

Kommen wir jetzt noch einmal auf das zu Beginn dieses Kapitels genannte moralische Urteil zurück: *Folter ist zu allen Zeiten und an allen Orten absolut inakzeptabel.* Wie kann man sich dieses Urteils ganz sicher sein?

Allgemein gesprochen gab es vier Wege, auf denen eine solche Gewissheit legitimiert wurde: kraft göttlichen Gebots, durch das Naturgesetz, dank soziologischer Funktionalität und dank biologischer Funktionalität. Wir finden alle vier nicht unbedingt überzeugend:

1. *Göttliches Gebot.* Man kann natürlich *moralische* Gewissheit in *religiöser* Gewissheit verankern. Wenn man es fertigbringt, an ein absolut bindendes göttliches Gesetz zu glauben, kommt man dank dieses Glaubens leicht zu moralischer Ge-

wissheit. Aber andererseits kann eine solche Gewissheit auch tödliche Auswirkungen haben. Im derzeitigen kritischen Augenblick der Geschichte braucht das nicht weiter ausgeführt zu werden. Um die Folter tatsächlich als inakzeptabel bezeichnen zu können, müsste man »Beweistexte« in den eigenen heiligen Schriften und der Tradition finden, die die Folter verbieten. Leider führt diese exegetische Übung nicht immer zum Erfolg. Und falls man die Gewissheit religiöser Aussagen bezweifelt, ist dieser Weg sowieso nicht gangbar.

2. *Das Naturgesetz.* In der ehrwürdigen Tradition des Naturgesetzes wird vertreten, es gebe moralische Prinzipien, die in die Herzen ausnahmslos aller Menschen eingeschrieben seien. Das heißt, vom Naturgesetz her seien bestimmte Grundsätze universal gültig. Das ist eine sehr verführerische Vorstellung. Angesichts empirischer Beweise für das Gegenteil lässt sie sich allerdings kaum aufrechterhalten. So ist zum Beispiel die Verurteilung der Folter alles andere als universal. Im Lauf eines Großteils der Geschichte haben die Menschen einander guten Gewissens gefoltert. Im 16. Jahrhundert hätte sich ein Richter in England oder in China, wo die Ming-Dynastie herrschte, sehr gewundert, wenn man ihm gesagt hätte, das Foltern sei inakzeptabel: Denn *natürlich* wollte man einen Verdächtigen foltern, um herauszufinden, was er angestellt hatte. Und wenn man ihn verurteilen konnte, war es auch ganz natürlich, ihn als Bestandteil seiner Strafe zu foltern, weil das der Abschreckung vor weiteren Straftaten diente – *pour encourager les autres*: »um die anderen in der Tugend zu stärken«. Das Naturgesetz im Sinn einer empirisch fassbaren allgemeinen Gesetzesregel ist keine plausible Grundlage für moralische Gewissheit. Allerdings könnte eine modifizierte Version dieser Vorstellung eine solche Grundlage liefern: das Naturgesetz als sich nach und nach in unterschiedlichen historischen Phasen herausschälend. Auf diese Möglichkeit werden wir gleich noch zurückkommen.

3. *Soziologische Funktionalität.* Wenn man moralische Gewissheit auf soziologische Funktionalität gründet, sagt man damit, dass für die Sozialordnung Normen notwendig sind. Das stimmt natürlich; für bestimmte moralische Maximen ist das plausibel. So wäre zum Beispiel keine Gesellschaft lange von Bestand, wenn sie unterschiedslos alle Gewalttätigkeit tolerieren würde: Du nimmst mir meinen Parkplatz weg, und ich bringe dich deshalb um. Das ist *innerhalb* eines gegebenen Kollektivs soziologisch nicht tolerierbar. Aber eine derartige Gewalttätigkeit könnte durchaus tolerierbar sein, wenn sie sich gegen Menschen *außerhalb* des Kollektivs richten würde: Wenn du (als einer von außen) dir herausnimmst, auf *unserem* Parkplatz zu parken, bringe ich dich um. Im Fall der Folter würden Gegner es sogar schwierig finden, zu behaupten, sie sei *innerhalb* eines gegebenen Kollektivs nicht tolerierbar, und erst recht könnten sie kaum Argumente dafür finden, dass es inakzeptabel sei, sie gegen *Außenstehende* anzuwenden.

4. *Biologische Funktionalität.* Schließlich wurde noch die Theorie vorgebracht, dass im erbitterten Wettbewerb der biologischen Evolution Normen das Überleben einer Gattung erleichtern. Nehmen wir den Fall, es gibt ein Gen (oder, wenn man so will, einen Instinkt), wodurch die Mutter veranlasst wird, für ihr neugeborenes Kind zu sorgen, dann hat eine Gattung, der dieses Gen fehlt, wesentlich geringere Überlebenschancen als eine Gattung, die es zufällig besitzt (vermutlich als Ergebnis jenes chaotischen russischen Roulettespiels namens Evolution). Aber wie ist das mit der Folter? Mitglieder einer Gattung können Menschen innerhalb einer Gruppe foltern, ohne damit ihre Überlebenschancen zu mindern (auch wenn die Folter dann mit Unterscheidungsvermögen angewandt werden müsste – etwa indem man nur die paar Individuen foltert, die ein bestimmtes heiliges Tabu brechen; denn wenn die Folter unterschiedslos angewandt würde, käme es

zum gegenseitigen Selbstmord der Gruppe). Erst recht würde die Überlebenschance einer Gruppe durch Folter, die man *Außenstehenden* antut, ganz eindeutig *nicht* beeinträchtigt. So ist auf jeden Fall die biologische Funktionalität nicht nützlicher als die soziologische, wenn es darum geht, eine Basis für moralische Gewissheit zu liefern.

Wir möchten einen anderen Zugangsweg zur Legitimation moralischer Gewissheit vorschlagen: *Eine solche Gewissheit gründet auf einer sich im Lauf der Geschichte entwickelnden Wahrnehmung, was es heißt, Mensch zu sein. Einmal erlangt, nimmt diese universalen Charakter an.* Oder anders formuliert: *An bestimmten Zeitpunkten in der Geschichte wird der Sinn der Würde des Menschen wahrgenommen. Ist er einmal wahrgenommen, so transzendiert er diese Zeitpunkte und wird so verstanden, dass er immer und überall innerlich zum Wesen des Menschen gehört.* Zugegeben, die Richtung, die wir vorschlagen, ist eine Variante der Naturrechtstheorie. Da das vorliegende Buch jedoch kein philosophischer Traktat ist, können wir der komplizierten Frage danach, inwieweit die obige Behauptung wahr ist oder nicht, nicht gerecht werden. Wir werden auf diesen Punkt im vorliegenden Kapitel gleich noch einmal zurückkommen. Aber im Augenblick muss unser Ansatz im Kontext der derzeitigen Darlegung noch etwas weiter verfolgt werden.

Was heißt es, wenn wir in der obigen Aussage davon sprechen, dass der Sinn der Würde des Menschen »wahrgenommen« werde? Es ist ein Gemeinplatz, zu sagen, im Lauf der Sozialisation werde die Moral im Bewusstsein des Individuums verinnerlicht. Dieses Phänomen wird üblicherweise als *Gewissen* bezeichnet. Und gewöhnlich nimmt man an, das Gewissen »spreche« in Form von Befehlen: Tu dies; tu das nicht! In manchen Fällen ist das vielleicht so. Aber wir vermuten, das Gewissen spricht häufiger in Form von Anregungen: Sieh da hin; sieh dir das an! Das bedeutet, das Gewissen flößt spezifische *Wahrnehmungen* ein. Diese können positiv oder auch negativ sein. Zum Beispiel kann man eine Situation wahrnehmen, die positives Handeln erfordert. Daran dachte der chinesische Philosoph Mengzi, als er die Auffassung vertrat, wenn ein kleines Kind ganz am Rand eines tiefen Teichs herumstapfe, werde selbst der hartgesottenste Kriminelle dazu bewegt, hinzugehen und es in Sicherheit zu bringen. Umgekehrt weckt die Wahrnehmung mancher Situationen spontane Abscheu. So war zum Beispiel Harriet Beecher Stowes Roman *Onkel Toms Hütte*, mit dem sie unmittelbar vor dem Amerikanischen Bürgerkrieg die Gemüter der Abolitionisten bewegte, keine Predigt über die Übel der Sklaverei, sondern einfach eine Beschreibung von Szenen aus der Realität des Sklavenlebens, die derart abscheulich waren, dass immer mehr Menschen sagten: Das darf so nicht weitergehen.

Diese letztere Wahrnehmung war natürlich zeit- und raumbedingt. Harriet Beecher Stowe war Mitte des 19. Jahrhunderts die Tochter eines kongregationalistischen Geistlichen in den Nordstaaten der USA. Ihre Zeitgenossen in den Südstaaten waren vor dem Krieg eindeutig nicht ihrer Auffassung, und genauso wenig die Menschen während des Großteils der Menschheitsgeschichte. Aber als sich diese Wahrnehmung erst einmal fest etabliert hatte, blieb sie hartnäckig bestehen und verfestigte sich, und seither sperrt sie sich bis heute gegen die Relativierung: Wenn die Sklaverei in den amerikanischen Südstaaten des 19. Jahrhunderts falsch war, dann ist sie auch im Sudan des 21. Jahrhunderts falsch. Folglich ist also eine Entwicklung in der Wahrnehmung der menschlichen Würde zu beobachten: Aus bloßen Meinungen über Verstöße gegen sie (»Du und ich werden wohl einer Meinung sein, dass die Sklaverei abgeschafft gehört«) werden universal gültige moralische Urteile (»Ich verurteile eure Praxis der Sklaverei und werde alles in meinen Kräften Stehende tun, damit ihr damit aufhört«).

Zu verschiedenen Zeitpunkten in der Geschichte wurden Stimmen laut, dass das Foltern moralisch inakzeptabel sei. In diesem Sinn könnte sich zum Beispiel – als Vertreter des östlichen Denkens – schon Mengzi geäußert haben. In der Geschichte der abendländischen Zivilisation war das in der biblischen Tradition gezeichnete Menschenbild eine Hauptquelle für die sich entwickelnde Wahrnehmung, dass die Folter gegen die Menschenwürde sei. Dennoch wurde dieses Empfinden erst mit der Aufklärung zum Allgemeingut im Abendland und daraufhin gesetzlich institutionalisiert; höchstwahrscheinlich angesichts der entsetzlichen juristischen Grausamkeiten unter dem *Ancien Régime*, gegen das sich die Französische Revolution erhob. Voltaire war ein wortgewaltiger Gegner der Folterpraxis in Frankreich und beeinflusste auch Katharina die Große von Russland. Hierauf schaffte auch Kaiserin Maria Theresia im gesamten Habsburgerreich die gerichtliche Folter ab. Interessanterweise ging ihr Nachfolger Joseph II. noch einen Schritt weiter und schaffte auch die Todesstrafe ab – und zwar genau aus dem Grund, weil diese inzwischen als besonders grausame Form von Folter wahrgenommen wurde, selbst wenn man sie noch so »human« vollstrecken mochte. (Die Guillotine, der elektrische Stuhl, die tödliche Injektion: Das sind alles vergebliche Versuche, die damit verbundenen fürchterlichen Qualen zu kaschieren.) Zwei Bücher (in diesem Fall keine Romane) übten starken Einfluss darauf aus, dass in Frankreich bzw. Großbritannien die Todesstrafe abgeschafft wurde: die *Réflexions sur la Guillotine* von Albert Camus und die *Reflections on Hanging* von Arthur Koestler. Beide Autoren wurden nicht von abstrakten theoretischen Überlegungen zu ihren Büchern bewegt, sondern von der Abscheu gegen die von totalitären Regimes begangenen entsetzlichen Dinge, die sie aus nächster Nähe miterlebt hatten. Sie sagten praktisch: »Seht euch das an: So darf das nicht weitergehen!« Zweifellos führte die gleiche Wahrnehmung zum in jüngerer Zeit erlassenen absoluten Verbot der Todesstrafe innerhalb der Europäischen Union. (In diesem, wenn auch nicht unbedingt in anderen Punkten, steht die EU moralisch höher als die USA.)

In der Tat: »Die Würde des Menschen ist unantastbar. Der Rest ist Kommentar.«

Was trägt die anthropologische Philosophie zu dieser Diskussion bei?

Wenn man sich nach einer plausiblen Legitimation der moralischen Gewissheit umsieht, ist die Frage nützlich, inwiefern der *Homo sapiens* so beschaffen ist, dass grundsätzlich überhaupt erst einmal Moral möglich ist. Dies ist *nicht* in dem Sinn gemeint, dass er spezifische moralische Grundsätze aufstellen kann (»Folter ist inakzeptabel«), sondern zunächst in dem Sinn, dass er überhaupt ein *moralisches* Wesen sein kann. Die Disziplin, die sich mit solchen Fragen abgibt, ist die philosophische Anthropologie. Sie kann uns nicht sagen, warum die Folter inakzeptabel ist, aber *was* sie uns sagen kann, ist, wie Menschen fähig sind, moralische Fragen zu stellen und zu beantworten. Hierzu kann eine Analogie nützlich sein: Biologen und Linguisten konnten aufzeigen, dass dem Menschen die Fähigkeit zur Sprache angeboren ist. Diese Fähigkeit könnte womöglich sogar »Tiefenstrukturen« der Sprache hervorgebracht haben, also die Parameter, innerhalb derer jede spezifische Sprache (etwa Schwedisch und Suaheli) ihren Wortschatz und ihre Grammatik angelegt hat. Aus diesen »Tiefenstrukturen« können wir jedoch nicht direkt die Eigenheiten der schwedischen Sprache ableiten. Genauso wenig können wir aus der philosophischen Anthropologie schwedische Einschätzungen der Folter und Todesstrafe ableiten. Dennoch ist es hilfreich, sich der jeweils Ersteren bewusst zu sein, wenn man die Letzteren zu verstehen versucht.

Die philosophischen Anthropologen versuchen, die Komponenten der menschlichen Verfassung herauszufinden. Eine fundamentale Komponente ist der »institutionelle Imperativ«, das heißt der Umstand, dass der Mensch für sein Überleben in Natur und Geschichte Institutionen braucht (Émile Durkheim definierte diese als traditionelle Handlungs-, Denk- und Fühlmuster). Arnold Gehlen hat darauf hingewiesen, dass dem Menschen Instinkte fehlen, biologisch festgelegte Steuerungen, die ihm helfen, angemessen auf Veränderungen in seiner Umgebung zu reagieren. Institutionen sind gewissermaßen der Ersatz für diese fehlenden Instinkte. Sie helfen uns, auf Veränderungen in unserer Umgebung rasch und ohne viel Überlegen (sozusagen halb-instinktiv) zu reagieren. Wenn die Ampel von Grün auf Rot springt, trete ich sofort, ohne Nachdenken, also halb-instinktiv, auf die Bremse. Diese Reaktion ist natürlich *nicht* instinktiver Natur, sondern angelerntes Verhalten. Oder genauer: Sie ist *institutionalisiertes* Verhalten, denn der motorisierte Verkehr ist eine moderne Institution mit spezifischen Werten und Normen, in die wir alle sozialisiert wurden. Solche institutionellen Reaktionen sind nicht biologisch fixiert, sondern historisch und soziologisch veränderbar. Zudem lassen sich Institutionen – die Familie, die Kirche, die Universität, die Gewerkschaft usw. – so sehen und soziologisch untersuchen, als seien sie »Dinge«, worauf Durkheim ausdrücklich hinwies. Jedoch sind sie Konstruktionen des Menschen, die sich im Lauf der Zeit ändern – gewöhnlich langsam, zuweilen (in revolutionären Zeiten) schnell. Es gab und gibt noch immer Theologen und Philosophen, die glauben, die Institutionen seien von Gott oder den Göttern gegeben. So lautet zum Beispiel die Formel bei der Trauungszeremonie: »Was Gott verbunden hat, darf der Mensch nicht trennen.« Aber nach soziologischem Verständnis ist die Ehe eine institutionelle Konstruktion mit ihrer ganz eigenen Geschichte, sie lässt sich als solche analysieren – und damit kann sie andererseits auch relativiert und dem Zweifel unterzogen werden.

Eine weitere wichtige, ja wesentliche Komponente der philosophisch-anthropologischen Analyse ist der Umstand, dass Menschen sprechende und kommunizierende Wesen sind. Das Hauptinstrument für die Kommunikation zwischen Menschen ist die Sprache – zuerst die gesprochene, dann die geschriebene. Wörter *beziehen* sich nicht nur auf Dinge in der äußeren Realität, sondern sie *definieren* sie auch in Begriffen der Schönheit, Nützlichkeit, Gefahr, Hilfe usw. – und der jeweils gegenteiligen Begriffe. Das heißt, gesprochene Wörter sind nicht bloße Kehllaute, sondern Träger von Sinn und Werten. Mit ihnen sind die Normen verbunden – die Verhaltensregeln –, denn Werte verlangen nach Verbindlichkeit, die in Normen gefasst wird.

Aber wie kommen diese sprachlichen Sinn-, Wert- und Norminhalte – die Säulen, auf denen das soziale Leben ruht – genau zustande? Wiederum würde es nicht genügen, sie einfach auf metaphysische Instanzen wie die »Natur« oder die eine oder andere »Gottheit« zurückzuführen. Die Antwort muss empirischer Natur sein. Sie liegt, so möchten wir behaupten, im zentralen Begriff der *Gegenseitigkeit.*

Dieser Begriff, der in der Sozialpsychologie eine entscheidende Rolle spielte, wurde am besten vom amerikanischen Philosophen George Herbert Mead mit seinem »symbolischen Interaktionismus« erforscht; er bezeichnete ihn bevorzugt als »sozialen Behaviorismus«. Mead wies darauf hin, dass die große Mehrzahl unserer Aktionen in der Gesellschaft *Interaktionen* sind, also Aktionen in Bezug auf Mitmenschen. Bei diesen handelt es sich um »signifikante Andere« (Eltern, Kinder, Ehepartner) und um Menschen, die weniger »signifikant« sind (flüchtige Bekanntschaften, Nachbarn, der Milchmann). Nach Mead integriert das Kind alle diese Interaktionen in einen abstrakten Begriff der Gesellschaft, den »generalisierten Anderen«, der der Hüter der verinnerlichten Normen ist. Das verläuft folgendermaßen: »Mama schimpft, wenn ich auf den Boden pinkle.« – »Der Milchmann denkt schlecht von mir, wenn ich auf den Boden pinkle.« – »Man pinkelt nicht auf den Boden.« Das »man« bringt die Verallgemeinerung gut zum Ausdruck.

Mead legte dar, dass Interaktionen oft mit dem Austausch physischer Gesten beginnen. So hält mir zum Beispiel jemand seine Faust unter die Nase. Das ist ganz für sich genommen eine nichtssagende Geste; ich muss versuchen, sie zu interpretieren. Eventuell könnte das ein Spaß sein oder ein unschuldiges Geplänkel. Wenn jedoch der Gesichtsausdruck des anderen anzeigt, dass diese Geste aggressiv gemeint ist, trete ich einige Schritte zurück und balle die Fäuste. Diese Reaktion wird vom Aggressor als feindlicher Akt meinerseits aufgefasst, und auf diese Weise entwickelt sich der Austausch von Gesten zu einer Interaktion mit einem bestimmten Sinn, der sich genauer bezeichnen lässt – als Kampf. Die ausschlaggebende Dynamik bei all dem ist die *Gegenseitigkeit*. Ich habe die feindliche Geste des anderen deshalb verstanden, weil ich dazu fähig bin, wie in einer Art präreflexiver Empathie die Rolle oder Haltung des anderen auch selbst einzunehmen. Der andere, der nun seinerseits meine Reaktion (dass ich die Hände balle) als defensiv-offensive, feindliche Geste versteht, verinnerlicht und interpretiert nun genauso meine Haltung. Anders gesagt, auf dem Weg über unsere gegenseitige Verinnerlichung und Interpretation entsteht Sinn. Aus dem Austausch von anfangs sinnlosen Gesten wird eine sinnvolle Interaktion.

Aber es wird noch komplizierter. Mead sagte, indem wir in wechselseitigen Interaktionen die Rolle oder Haltung anderer verinnerlichten, richteten wir unsere Gedanken, Emotionen und Aktionen nicht nur auf andere »außerhalb« unserer selbst aus, sondern auch auf *uns selbst* in der Rolle des verinnerlichten anderen. Das heißt, wir erfahren eine *verinnerlichte* Wechselseitigkeit. Nehmen wir als Beispiel die Interaktion zwischen einer Lehrerin und ihren Schülern. Die Lehrerin spricht zu den im Klassenzimmer vor ihr sitzenden

Schülerinnen und Schülern. Sie spricht zu *ihnen*, aber zugleich nimmt sie auch die Rolle einer Schülerin ein und spricht *sich selbst* in der verinnerlichten Rolle als Schülerin an. Das Gleiche geschieht im Inneren ihrer Schülerinnen und Schüler: Diese nehmen die Rolle der Lehrerin an und sprechen sich selbst in dieser verinnerlichten Rolle an. So ist Gegenseitigkeit also ein wechselseitiges Annehmen/Verinnerlichen der Rolle/Haltung des anderen. Auf diese Weise kann in Interaktionen Sinn (und damit gegenseitiges Verstehen) entstehen. Diese Interaktionen sind folglich mehr als Verhaltensbewegungen; es sind sinnvolle Austauschhandlungen, denen man Namen geben kann. Im gerade angeführten Beispiel sprechen wir von »Lehren« und »Lernen« und verstehbaren, sinnvollen Rollen wie »Lehrerin« und »Schüler«.

Mead fügte diesem Theorem sinnvoller Gegenseitigkeit eine moralische Dimension hinzu. Die Gegenseitigkeit ermöglicht eine Empathie mit den anderen, mit denen ich in Interaktion trete: Ich kann mir die Wahrnehmungen und Gefühle dieser anderen in meinem eigenen Bewusstsein verinnerlichen, also – um die abgedroschene Floskel zu verwenden – »ihren Schmerz mitfühlen«. Das wiederum führt zu einem Gefühl der moralischen Verpflichtung meinerseits: Wenn die Empathie zur Vorstellung führt, ich sollte dagegen einschreiten, dass jemandem ein solcher Schmerz zugefügt wird, wird sie mit moralischem Sinn aufgeladen. Im Fall der Folter tritt das klar zutage: Indem ich mich selbst auf dem Weg der Gegenseitigkeit in die Rolle des Opfers versetze, verurteile ich dieses scharf. Aber wie die Geschichte zeigt, kann ich einer solchen Empathie auch aus dem Weg gehen (sei es als Zeuge der Folter oder wenn ich selbst der Folterer bin): Ich kann es fertigbringen, dem Opfer den Status von jemandem zu verweigern, mit dem ich eine Beziehung auf Gegenseitigkeit habe. Im Rahmen des meadschen Paradigmas gesprochen: Damit leugne ich den Status des Opfers als »signifikantem Anderen« für mich, ja zuweilen im Extremfall sogar seinen Status des Menschseins. Die Literatur über die Geisteshaltung von Nazi-Mördern während des Holocausts liefert erschreckende Beispiele für dieses Phänomen. Ähnlich haben seit undenklichen Zeiten die meisten Sklavenhalter die Empathie mit ihren Sklaven vermieden.

Ist die Moral Bestandteil der »menschlichen Natur«?

Diese philosophisch-anthropologischen Überlegungen zeigen, wie moralisches Empfinden überhaupt möglich ist: nämlich als Ergebnis der innerlich angelegten Gegenseitigkeit, ohne die ein Individuum nicht sozialisiert werden könnte. Aber die Grenzen, innerhalb derer das Individuum sich sozusagen »bequemt«, sich auf diese Gegenseitigkeit einzulassen, sind sozial konstruiert. Damit hängen sie von den »signifikanten Anderen« ab, von denen das Kind sozialisiert wurde: Ein Kind, das ausschließlich in einer Familie professioneller Folterer aufwüchse, hätte im Vergleich zu einem von pazifistischen Quäkern aufgezogenen Kind ganz andere Grenzen seiner Empathie. Die jeweiligen Gruppen von »signifikanten Anderen« bestimmen zudem auch die Natur der vom Kind »generalisierten Anderen«, also das verinnerlichte Bild der Gesellschaft, gegenüber der man moralische Verpflichtungen hat (anders gesagt: gegenüber den Menschen, denen man in moralischer Hinsicht irgendetwas schuldet). Im Lauf der Geschichte haben sich die Grenzen der gegenseitigen Verpflichtungen wiederholt verschoben, wurden zuweilen umfassender und zuweilen enger. Damit ist die Fähigkeit zur Gegenseitigkeit ganz klar eine anthropologische Konstante, die jedoch allen Arten von Manipulation ausgesetzt ist. Es ist völlig nutzlos, mit einem Folterer, der aufrichtig keinerlei Empathie mit seinem Opfer und folglich auch diesem gegenüber keine moralische Verpflichtung empfindet, auf philosophischer Ebene über die Fragwürdigkeit des Folterns zu argumentieren. Wollte man ihn bekehren, so müsste man seine Wahrnehmung ändern: *ihn sehend machen.* Es gibt Fälle, in denen das tatsächlich stattfand. Die eindrucksvolle literarische Beschreibung einer solchen Bekehrung nicht im Hinblick auf Folter, aber was Sklaverei angeht, lieferte Mark Twain: Huckleberry Finn entdeckt, dass der Sklave Jim, mit dem er auf Reisen gegangen ist, ein Mensch wie er ist und folglich *nicht* seinem Herrn zurückgegeben werden, ja überhaupt nicht weiter Sklave sein sollte.

Inzwischen sollte deutlich geworden sein, in welcher Hinsicht unser Argument der Tradition der Naturrechtstheorie zugeordnet werden kann (obwohl, wie bereits früher vermerkt, wir hier nicht die vielen Wege ansprechen wollen, auf denen heutige Philosophen sich mit dieser Frage oder den verschiedenen dabei vertretenen Positionen herumgeschlagen haben). Insofern wir die moralische Verpflichtung (und *ipso facto* das moralische Urteil) mit der Fähigkeit des Menschen zu Gegenseitigkeit und Empathie begründen und angesichts der Tatsache, dass diese Fähigkeit eine anthropologische Konstante .ist, argumentieren wir hier von einem Naturgesetz her. Im Gegensatz zum Beispiel zu existenzialistischen und postmodernistischen Theorien vertreten wir die Meinung, es gebe so etwas wie eine universal definierbare »menschliche Natur«. Wir behaupten sogar, dass die augenfälligsten Verstöße gegen die Menschenwürde nur möglich waren und sind, wenn man diese »Natur« leugnet oder unterdrückt. Und tatsächlich haben sich die vollen Umrisse dieser »Natur« erst im Lauf vieler Jahrhunderte der Menschheitsgeschichte ganz abgezeichnet, und zwar nicht in einem stetigen linearen Fortschritt, denn manche Wahrnehmungen gingen mit der Zeit auch wieder verloren, während andere zu Bewusstsein kamen.

Leider kann man sich um die moralischen Implikationen des Umstands, dass wir alle ein und dieselbe »Menschennatur« teilen, nur allzu leicht drücken. Eine Methode dafür haben wir bereits erwähnt: dass man das Menschsein der Opfer leugnet. Eine andere häufige Methode besteht darin, die Täterschaft dessen zu leugnen, der andere zu Opfern macht. Das hat oft eine religiöse Form angenommen: »Das tue nicht wirklich *ich*. Ich bin nur Gottes *Instrument*.« Ein grausiger Ausdruck dieser Ausflucht sind die Inschriften auf vielen Henkerschwertern in Europa (solche werden zum Beispiel im Tower von London ausgestellt): »Du, Herr Jesus, bist der Richter.« Das heißt also: »Nicht *ich* hacke dir den Kopf ab; Jesus tut das.« Das sogenannte Stockholm-Syndrom (so benannt nach einer Begebenheit in Stockholm, wo als Geiseln festgehaltene Menschen nach einigen Tagen anfingen, sich mit ihren Entführern zu identifizieren und diese sogar verteidigten) tritt auf, wenn das Opfer der Enthauptung diese falsche Sicht teilt: »Ich danke dir, Herr Jesus, dass du mir den Kopf abschlägst. Ich habe das zu Recht verdient.« Jean-Paul Sartre nannte dieses Phänomen *mauvaise foi,* »schlechten Glauben« – sei er aufseiten der Opfer oder aufseiten derer, die Opfer hinrichten.

Hier sei angemerkt, dass solch »schlechter Glaube« sowohl säkulare als auch religiöse Formen annehmen kann. So kann auch der Richter, der ein Urteil verkündet – und nicht nur ein Todesurteil (dort, wo es eine derartige barbarische Praxis immer noch gibt), sondern *jedes* Urteil –, genauso leugnen, dass er es sei, der das tue: »Nicht *ich* tue das. Das *Gesetz* verlangt das. Ich bin nur ein Instrument des Gesetzes.« Zum Beispiel: »Nicht *ich* ordne an, dass Sie Ihr Haus räumen müssen. Ich bin nicht dafür verantwortlich, wenn Sie auf der Straße enden, denn nicht *ich* tue Ihnen das an. Ich bin nur ein Instrument des Gesetzes.« Man könnte argumentieren, dass die Sozialordnung und ganz bestimmt jedes Gesetzessystem unmöglich wären, wenn es nicht eine solche »eingeschränkte Haftbarkeit« für diejenigen gäbe, die in der Sozialordnung bestimmte Rollen spielen, wie etwa ein Richter. Aber das ändert nichts an der Tatsache, dass in diesem

Fall die eingeschränkte Haftbarkeit eine gewaltige Fiktion voraussetzt.

Ist die Moral nur eine Frage des Einhaltens von Prinzipien?

Wenn das soeben vorgelegte Argument trägt, ist es in der Tat möglich, moralische Urteile im Bewusstsein der Gewissheit zu fällen. Das setzt dem Zweifel eindeutig eine Grenze. Aber wie wir zu zeigen versucht haben, gilt diese Gewissheit nur für eine relativ kleine Anzahl von »klaren Fällen«: das Zurückreißen des Kindes, das gerade in den Teich zu fallen droht, das Abschaffen der Folter, die Unterstützung eines entlaufenen Sklaven. Die meisten Situationen, die nach moralischen Urteilen verlangen, sind viel weniger klar. Folglich sind dafür Zögern und Zweifel sehr zu empfehlen. Oliver Cromwell rief vor dem Parlament aus:»Ich beschwöre euch angesichts der Herzenserbarmung Christi: Überlegt, ob ihr euch nicht irrt!« (Der antiquierte Ausdruck »Herzenserbarmung Christi« stammt aus dem Brief des Paulus an die Philipper 1,8.) So ist also in der moralischen Gewissheit Raum für den Zweifel, genau wie es auch im glühenden Glauben Raum für den Zweifel gibt.

Für diese Diskussion hier ist Max Webers Unterscheidung zwischen »Gesinnungsethik« und »Verantwortungsethik« wichtig. Das grundlegende Kriterium des ersteren Typs der Moral ist das *Ausgehen von Prinzipien*. Weber nennt als Prototyp dafür Tolstoi und seinen absoluten Pazifismus. Er hätte genauso gut Gandhi wählen können, der eine Art Schüler Tolstois war und die Gewaltlosigkeit zum absoluten Prinzip erklärte, ohne Rücksicht auf mögliche Konsequenzen. Diese absolute Prinzipientreue kann etwas Großes an sich haben, aber auch massiv unverantwortlich werden. Während des Zweiten Weltkriegs wurde Gandhi von einer Gruppe Juden gefragt, ob er absolut dagegen sei, Hitler mit Gewalt die Stirn zu bieten. Gandhi bejahte das. Hierauf fragten sie ihn, was wäre, wenn sie infolgedessen alle ermordet würden. Gandhi gab ihnen zur Antwort: Sie könnten dann im Bewusstsein ihrer moralischen Überlegenheit sterben. Hätten die Juden diese Stellungnahme akzeptiert, so wären sie dumm gewesen. Aber der Umstand, dass Gandhi so Stellung nahm, zeigte die Unverantwortlichkeit seiner Ideologie der Gewaltlosigkeit.

Eine »Verantwortungsethik« steht im Gegensatz zur gerade beschriebenen Ethik. Bei ihr geht es nicht um die Frage: Welche Haltung sollte ich einnehmen?, sondern: Welche Konsequenzen wird mein Handeln vermutlich haben? Wenn man auf die richtigen Konsequenzen abzielt, handelt man aus Verantwortung, selbst wenn man sich dabei die Hände schmutzig macht. Weber zitierte zustimmend Machiavellis Ausspruch, ein Herrscher müsse zum Wohl seiner Stadt handeln, selbst wenn er dadurch Gefahr laufe, sein ewiges Seelenheil zu verlieren. (Man könnte einwenden, dass Weber hier eine säkularisierte Version der lutherischen Ethik vertritt. Aber das steht auf einem anderen Blatt.)

Die Diskussion um die Abtreibung, die seit Jahrzehnten in Amerika tobt, veranschaulicht das heikle Verhältnis von Gewissheit und Zweifel auf dem Gebiet des moralischen Urteils. Zwei damit zusammenhängende Prinzipien in dieser Debatte lassen sich von beiden Seiten mit großer Gewissheit bejahen (und werden tatsächlich auch bejaht):

1. Dass jeder Mensch das fundamentale Recht auf Leben hat (weshalb Mord eines der schrecklichsten Verbrechen ist).

2. Dass eine Frau das fundamentale Recht hat, über ihren eigenen Körper zu entscheiden (weshalb Vergewaltigung als Verletzung der Menschenwürde mit Mord vergleichbar ist).

Jedoch haben beide Seiten eine ganz unterschiedliche Wahl getroffen, welches dieser beiden sicheren Urteile auf das Thema Abtreibung anzuwenden sei. Zudem sind die beiden in der Debatte verwendeten Selbstbezeichnungen irreführend. Die eine Seite nennt sich »pro-life«, »für das Leben«. Aber das »Leben« ist nicht das Thema. *Natürlich* ist der Fötus »menschliches Leben« – genau wie der Blinddarm (sofern man ihn noch hat). Die eigentliche Frage ist, ob der Fötus schon eine menschliche Person ist. Die andere Seite nennt sich »pro-choice«, »für die [eigene] Entscheidung«. *Natürlich* hat eine Frau das Recht, selbst zu entscheiden, was sie mit ihrem eigenen Körper tut. Aber die Frage ist, wo und wann der eigene Körper der Frau aufhört und der Körper eines anderen Menschen beginnt. Schließlich hat eine Frau nicht das Recht, ihr zwei Monate altes Kind zu töten (selbst wenn sie es stillt). In Wirklichkeit liegt der Debatte eine ganz andere Frage zugrunde: *Wann im Verlauf der neunmonatigen Schwangerschaft entsteht eine menschliche Person?* Die ehrliche Antwort lautet unserer Ansicht nach: *Wir wissen es nicht.* Die »pro-life«-Seite behauptet natürlich, sie wisse es: nämlich im Augenblick der Empfängnis. Diese Ansicht gründet im Allgemeinen auf theologischen oder philosophischen Prämissen, die die nicht bereits Überzeugten nicht überzeugen. In jüngster Zeit wurde behauptet, diese Ansicht beruhe auch auf wissenschaftlicher Erkenntnis, da jeder Fötus schon ab seiner Empfängnis eine spezifische DNS habe. Aber auch das ist nicht überzeugend: Was immer ich als Person auch bin, ist nicht mit meiner DNS identisch, und nicht meine DNS hat gewisse unveräußerliche Rechte, sondern *ich* als Person habe sie. Andererseits vermeidet die »pro-choice«-Seite diese Frage – denn sie kann immerhin sehr prekär sein –, aber zumindest einige ihrer Anhänger scheinen zu sagen, in keinem Stadium der Schwangerschaft habe der Fötus irgendein Recht. Das tun manche auf ziemlich abstoßende Weise auch in der Debatte um Spätabtreibungen (die deren Gegner als

»partial birth abortion« bezeichnen). Uns scheint, dass die extremen Positionen beider Seiten gleichermaßen unplausibel sind: (1) dass bereits fünf Minuten nach der Empfängnis eine menschliche Person mit allen ihr gebührenden Rechten vorhanden sein soll; und (2) dass es fünf Minuten vor der Geburt noch keine solche Person geben soll.

Während wir also in keiner Weise die vorhin genannten moralischen Gewissheiten in Abrede stellen – das fundamentale Recht der menschlichen Person auf Leben und das fundamentale Recht der Frau bezüglich ihres eigenen Körpers –, bezweifeln wir dennoch ernsthaft, dass eine davon oder beide eindeutig auf das Thema Abtreibung angewandt werden können. In diesem nicht seltenen Fall stehen wir vor der Notwendigkeit, in einem Zustand des Nichtwissens eine moralisch vertretbare Entscheidung treffen zu müssen. Die diesem Thema zugrunde liegende Frage lautet also, wann genau das menschliche Leben beginnt. Wir müssen jeden anzweifeln, der lauthals verkündet, er kenne ganz sicher die Antwort darauf, und wir müssen jede mehr oder weniger unbeholfene Antwort darauf, die wir selbst finden, in Zweifel ziehen. Da wir nicht wissen, ab wann wir es mit einer noch ungeborenen menschlichen Person (im Unterschied zu einer DNS-bestimmten Ansammlung von Zellen) zu tun haben, sollten wir sehr vorsichtig vorgehen und lieber einen konservativen Ansatz begünstigen. Das wird vermutlich heißen, dass man der Frau das Recht zur Abtreibung höchstens für die ersten drei Monate einräumt und dann die Abtreibung zunehmend erschwert und schließlich für illegal erklärt, außergewöhnliche Umstände ausgenommen. Das ist tatsächlich die Rechtssituation in den meisten europäischen Ländern, und sie beeindruckt uns als eine sehr verantwortliche Lösung.

Ein anderes interessantes Fallbeispiel ist die derzeitige Debatte in Europa über die Integration muslimischer Immigranten. Auf diese Debatte sind wir bereits kurz zu sprechen gekommen, als es um den Pluralismus und die Notwendigkeit von Grenzen für ihn ging. Uns scheint, dass es hier einige Themen gibt, über die sich mit großer Sicherheit moralische Urteile fällen lassen, aber auch andere, die dem Zweifel viel Raum lassen. Am besten nimmt man eine Sortierung nach Schwierigkeitsgraden vor. Am einen Ende wären die Themen, die man mit Sicherheit einschätzen kann: dass man etwa »Ehrenmorde«, Genitalverstümmelung und die Befürwortung des gewalttätigen *jihad* absolut verbietet. Am anderen Ende stehen Themen, mit denen man, wie uns scheint, ganz liberal umgehen kann: zum Beispiel, indem man den Muslimen erlaubt, sich während der Arbeitsstunden eine gewisse Zeit für das Gebet zu nehmen; das Recht gewährleistet, überall Moscheen zu bauen (im Rahmen der normalen Baugebietsvorschriften); und gestattet, dass Frauen und Mädchen an öffentlichen Orten Kopftücher tragen dürfen. Aber zwischen diesen beiden Polen der Einsortierung gibt es eine breite Grauzone. Nehmen wir etwa die Themen, dass manche muslimische Eltern ihre Töchter von Sportveranstaltungen, die gemeinsam mit Jungen stattfinden, befreit sehen wollen oder ganz allgemein die Trennung der Geschlechter in der Schule fordern oder das Reaktivieren (oder Einführen) von Gesetzen gegen die Blasphemie. Uns scheint, dass es zur Behandlung dieser im »Mittelfeld« liegenden Themen eines behutsamen, klugen, ja *zweifelnden* Ansatzes bedarf. Mit anderen Worten: wiederum eines Gleichgewichts zwischen Gewissheit und Zweifel.

Wie kann in der Gesellschaft ein Klima gesunden Zweifels aufrechterhalten werden?

Dass alle Glaubensgemeinschaften geschützt werden sollten, ausgenommen wenn sie Angriffe gegen die Rechte anderer befürworten oder praktizieren, ist ein Gemeinplatz des demokratischen Diskurses. Aber auch der sehr verletzliche und riskante Zweifel muss geschützt werden: gegen jene, die ihn im

Namen dieser oder jener angeblichen Gewissheit unterdrücken möchten. Wir glauben, dass die liberale Demokratie mit ihrer Verfassung und ihrem Rechtssystem die Freiheit der anderen Meinung schützt. Sie bietet daher das beste System, innerhalb dessen der Zweifel verteidigt werden, ja sogar gut gedeihen kann.

Natürlich ist es nicht jedermanns Sache, den Zweifel zu verteidigen. »Fraglos Gläubige« (jeder Glaubensrichtung und Nationalität) neigen dazu, den Zweifel und die Zweifelnden anzugreifen. Sie versuchen, in der Politik die Oberhand zu gewinnen, um die ungezügelte Tyrannei der Ideologie, zu der sie sich bekennen, aufrichten zu können. Ideologen tyrannischer »-ismen« wie des Faschismus, Kommunismus und Islamismus verwerfen bürgerliche Freiheiten wie die Redefreiheit und grundlegende zivile Freiheiten wie die des Rechts auf einen fairen Prozess vor einem unabhängigen Gericht. Sie schaffen diese Garantien der Freiheit ab, weil ihnen klar ist, dass ein demokratischer Verfassungsstaat Verfahren institutionalisiert, die den Zweifel schützen. Und der Zweifel ist das, was »fraglos Gläubige« am meisten fürchten. Während die Tyrannei auf der Grundlage eines »wahren« ideologischen Glaubens gedeiht, beruht die Demokratie auf dem Zweifel und verteidigt diesen. Das für die Demokratie so charakteristische Mehrparteiensystem garantiert der Opposition, zu Wort zu kommen, denn deren Aufgabe ist es, die Politik der Regierungspartei oder der Koalitionsparteien zu kritisieren (und sie dadurch in Zweifel zu ziehen). Im westlichen Strafrecht wird dem Zweifel ein besonderer Ehrenrang eingeräumt: Jemand ist so lange als unschuldig zu betrachten, bis seine Schuld bewiesen ist: »im Zweifel für den Angeklagten« – »in dubio pro reo«.

Der verletzliche Zweifel braucht den Schutz des Verfassungsstaats, aber er steckt auch im Kern des demokratischen Systems. Doch angesichts der permanenten Bedrohung der Demokratie seitens der ideologisch »fraglos Gläubigen« ist es wichtig, dass der Verfassungsstaat und das demokratische politische System nicht in Zweifel gezogen werden. Das ist ein bemerkenswertes Paradox: Damit das Existenzrecht des Zweifels gewahrt bleibt, muss man den Verfassungsstaat und das demokratische System vor dem Zweifel schützen.

Das führt noch in ein weiteres Paradox: Wenn man die demokratischen Institutionen davor schützt, dass sie in Zweifel gezogen werden, kann das leicht zu einer Verabsolutierung der Demokratie und des Verfassungsstaats führen. Ja, es gibt die ganz eigene Möglichkeit (die gelegentlich real wird) des *Demokratismus*, während die Verabsolutierung des Verfassungsstaats zum Entstehen des *Konstitutionalismus* führen kann. Wer den Demokratismus vertritt, möchte das plurale Parteiensystem und die freien Wahlen den Gesellschaften aufdrängen, die in vieler Hinsicht noch immer vormodern, radikal traditionell und bezüglich Ethnie und/oder Religion aufgespalten sind. Man kann zu Recht fragen, ob ein wirtschaftlich und technologisch unterentwickeltes Land für das demokratische System reif ist. Der Demokratismus kann hier leicht kontraproduktiv werden und Situationen der Unterentwicklung, der Korruption, der Armut und des Elends verschärfen. Viele postkoloniale Länder in Afrika führen deutlich vor Augen, wie sie der Demokratismus politisch, wirtschaftlich und soziokulturell in die Katastrophe geführt hat. Was den Konstitutionalismus angeht, macht Deutschland die Erfahrung des *Verfassungschauvinismus* als einer Art von Ersatz für den traditionellen (und in diesem Land suspekt gewordenen) Nationalismus. Wer den Konstitutionalismus vertritt, pocht auf den geradezu heiligen und daher über jeden Zweifel erhabenen Charakter der Verfassung seines Landes. Es ist natürlich nichts Falsches daran, sich ganz auf die Normen und Regeln des Verfassungsrechts zu verlassen, aber wenn aus diesem Vertrauen ein unflexibler und unkritischer Glaube an die angeblich unantastbaren Elemente der Verfassung wird, nimmt er die Gestalt eines ideologischen Konstitutionalismus an, der ein verbissener Gegner jedes Zweifels ist. In den USA wird zum Beispiel der Zweifel an der Legitimität der Todesstrafe oft damit zum Schweigen gebracht, dass die Verfassung der Nation sie erlaube. Die Niederlande dagegen zeigen das Gegenteil des Konstitutionalismus: In diesem Land können Gesetze und Gerichtsentscheidungen *nicht* von einem Verfassungsgericht überprüft werden.

Fassen wir noch einmal zusammen. Wir haben die moralischen Grenzen des Zweifels ausgelotet. Wir haben festgestellt, dass das Verbot, grundlegende Menschenrechte zu verletzen, über jeden Zweifel erhaben ist. Wir haben unsere Schlussfolgerungen anhand des grundlegenden anthropologischen Mechanismus der moralischen Gegenseitigkeit, wie ihn Mead mit seinem »symbolischen Interaktionismus« umrissen hat, untermauert – jedoch betont, dass diese grundlegende anthropologische Gegebenheit nicht zu einem empirisch greifbaren, universalen moralischen Konsens führt. Die vollen Konsequenzen dieser Gegenseitigkeit entwickeln sich erst nach und nach, durch lange Geschichtsphasen hindurch heraus.

Wir haben gesehen, dass der Zweifel etwas hoch Riskantes ist. Er bedarf der politischen und soziokulturellen Befestigung. Der liberal-demokratische Staat, der nicht in Demokratismus oder Konstitutionalismus verfallen sollte, ist unserer Ansicht nach mit seinem Spektrum verfassungsmäßiger und gesetzlicher Schutzmaßnahmen für Freiheiten und Rechte der plausibelste Garant des kognitiven und moralischen Zweifels, zumindest unter den heutigen Bedingungen. (Der wohlwollende Despotismus des 18. Jahrhunderts ist heute kaum noch wiederherzustellen. Despoten sind selten wohlwollend; jedoch lässt sich das Wohlwollen unter demokratischen Bedingungen wahrscheinlich besser institutionalisieren.)

Es ist hier nicht unsere Absicht, irgendjemandem das Recht abzusprechen, die institutionellen Arrangements der Demokratie in Zweifel zu ziehen und diesen Zweifel in aller Freiheit zu äußern, solange dies nicht zum aktiven Versuch führt, die Demokratie abzuschaffen. Aber diejenigen unter uns, die für die Demokratie dankbar sind, werden sich darum bemühen, solchen Zweifel in unseren eigenen Reihen zu besänftigen, wenn »fraglos Gläubige« gleich welcher ideologischen Färbung die Existenz der demokratischen Ordnung direkt bedrohen. Schließlich gereicht es dem Zweifel zum höchsten Lob, wenn er selbst dann dem Zweifel unterworfen bleibt, wenn die Umstände, die ihn schützen, unter Beschuss genommen werden.

7 Die Politik der Mäßigung

Verglichen mit Menschen, die mit Zweifeln (und oft vielfältigen Zweifeln) zu ringen haben, sind »fraglos Gläubige« beträchtlich im Vorteil. Zweifelnde neigen zum Zögern und zu langem Überlegen. »Fraglos Gläubige« dagegen brauchen bloß zu handeln. Ihre absolut sichere Überzeugung gibt ihnen Selbstvertrauen. Vielleicht müssen sie überlegen, in welche Richtung sie taktisch gehen sollen, aber sie *wissen*, welche Strategie die richtige ist, weil ihnen ihre absolute Überzeugung das genau vorgibt. Anders gesagt: »Fraglos Gläubige« widmen sich nicht nur hingebungsvoll ihrer Sache, wie immer diese beschaffen sein mag, sondern *sie haben auch nichts anderes zu tun.* Für Zweifler ist es typisch, dass sie auch mit vielen anderen Dingen beschäftigt sind: mit Familie, Beruf, Hobbys, Lastern. An das dachte Oscar Wilde, als er sagte, das Schlimme am Sozialismus sei, dass er einen seine ganzen freien Abende koste.

Was ist mit »Politik der Mäßigung« gemeint?

In den vorigen Kapiteln haben wir die religiösen und moralischen Begleiterscheinungen des Zweifels erörtert, das heißt der »mittleren Position« zwischen den gleichermaßen nicht wünschenswerten Extremen Relativismus und Fundamentalismus. Es gibt außerdem noch eine wichtige politische Folgerung: Unsere Position erfordert *eine Politik der Mäßigung.* Um eine solche Politik praktizieren zu können, muss man etwas finden, das stärker ist als der gerade genannte Vorteil des Fanatismus. Man muss all diejenigen Interessen kultivieren, die nicht politisiert werden können und sollten. 1940 schrieb Simone Weil in einem Brief einem Mädchen, wie wichtig es sei, in Kriegszeiten sorgfältig seine Hausaufgaben zu machen. So bewundernswert sie war, viel Sinn für Humor hatte sie nicht. Aber unter solchen Umständen ist Humor wichtig. Fanatiker haben selten Sinn für Humor; ja, sie betrachten Humor als gefährlich für ihre angeblichen Gewissheiten. Im Allgemeinen entlarvt der Humor Gewissheiten und bestärkt zugleich die Menschen, die den Fanatikern die Stirn bieten. Aus diesem Grund gedeihen Witze unter den Bedingungen politischer Unterdrückung besonders gut. Die Sowjetunion und ihre Satellitenstaaten waren der Nährboden für eine Fülle von Witzen, die die verschiedenen kommunistischen Regimes entlarvten und deren Opponenten ermutigten.

Wer dem Fanatismus die Stirn bietet, muss das tun, ohne selbst zum Fanatiker zu werden. Das heißt jedoch nicht, dass man dabei in seinem politischen Handeln weniger resolut sein sollte. Im Kampf gegen die Apartheid in Südafrika und die fanatische Ideologie, von der sie gestützt wurde, sind drei große Gestalten herausragend: Nelson Mandela, Helen Suzman und Desmond Tutu. Alle drei verfolgten eine entschieden resolute Politik, aber alle drei blieben trotzdem in ihren persönlichen Ansichten und in ihrem Verhalten gemäßigt.

Helen Suzman, die Anfang 2009 in Alter von 90 Jahren verstarb, dürfte die am wenigsten bekannte dieser drei sein. Sie war jahrelang das einzige Anti-Apartheid-Mitglied des südafrikanischen Parlaments, und dies während einer Zeit grausamer Unterdrückung. Trotzdem verfügte sie über einen ausgeprägten Sinn für Humor, den sie zuweilen gegen ihre politischen Gegner richtete. Einmal schlug sie dem Kabinett in einer Rede vor, es solle doch einmal ein schwarzes Township besuchen und die Bedingungen in Augenschein nehmen, unter denen die Menschen dort leben müssten; aber am besten sollten sie sich alle als Menschen verkleiden. Bei einer anderen Gelegenheit sprach sie die offizielle Oppositionspartei an, deren Einstellung gegen die Apartheidspolitik sehr lasch war. Dabei sagte sie, sie blicke oft zu den Oppositionsbänken im Parlament hinüber und hoffe bislang ganz vergeblich, irgendein Rückgrat sich aufrichten zu sehen.

Ein Witz kann viel prägnanter als eine analytische Darlegung sein und eine ganze Ideologie aufs Kreuz legen. Als Beispiel einer von vielen Witzen aus der Sowjet-Ära:

Was ist das, wenn es in den Städten Nahrungsmittel gibt, aber nicht auf dem Land?
Die Abirrung der trotzkistischen Linken.

Was ist das, wenn es auf dem Land Nahrungsmittel gibt, aber nicht in den Städten?
Die Abirrung der bucharinschen Rechten.

Was ist das, wenn es in den Städten und auf dem Land keine Nahrungsmittel gibt?
Die korrekte Parteilinie.

Und was ist das, wenn es in den Städten *und* auf dem Land Nahrungsmittel gibt?
Der Schrecken des Kapitalismus!

Zweifel muss nicht zur Lähmung führen. Mäßigung muss nicht zu bloß einer anderen Version des Fundamentalismus ausarten. Die Politik der Mäßigung beruht auf der Ausgewogenheit zwischen einer Kerngewissheit und vielen Handlungsmöglichkeiten, von denen keine die Qualität absoluter Gewissheit hat. Und diese Kerngewissheit hat mit der Freiheit und den Rechten des Einzelnen zu tun. Das ist eine Gewissheit, die man, wie wir im vorigen Kapitel dargelegt haben, auf einem Fuß stehend verkünden kann.

Worin besteht die Freiheit, auf die alle Menschen ein Recht haben?

Die Freiheit, um die es uns hier geht, ist nicht die »negative Freiheit« (wie sie der britische Philosoph Isaiah Berlin definierte) des klassischen europäischen Liberalismus, das heißt: nicht nur die Freiheit *von* unterdrückender staatlicher Kontrolle, sondern vielmehr die »positive Freiheit« *zu* etwas, nämlich zum kreativen Handeln in allen Lebensbereichen. Natürlich können beide Typen der Freiheit radikalisiert und damit pervertiert werden. Die negative Freiheit kann darauf hinauslaufen, dass man von *jeglichen* Beschränkungen frei werden möchte; von daher schlummert in jedem überzeugten Anwalt des Liberalismus ein Anarchist. Und die positive Freiheit kann so verstanden werden, dass damit ein hemmungsloser Individualismus gemeint ist, der über seine eigenen Vorlieben hinaus keine anderen Maßstäbe gelten lässt – was dann nur eine andere Form des Anarchismus ist.

In der Geschichte gingen die Entdeckung der Freiheit und die Entdeckung der Würde jedes Menschen Hand in Hand. Beides wurde in verschiedenen Kulturen entdeckt. Die drei großen monotheistischen Traditionen (Judentum, Christentum und Islam) enthalten eindeutig das Bild vom Menschen als Geschöpf Gottes, das letztlich Gott gegenüber verantwortlich ist. Das impliziert die Vorstellung der Gleichheit aller Menschen – denn *alle* Menschen sehen sich gegenüber Gott in der Verantwortung – und *ipso facto* auch die Anerkennung der Freiheit und Würde jedes Menschen. Im Christentum verschmolzen diese aus der hebräischen Bibel abgeleiteten Überzeugungen mit Vorstellungen über die Würde des Einzelnen aus der griechischen Philosophie und dem römischen Recht. Es braucht nicht eigens gesagt zu werden, dass es viele Jahrhunderte dauerte, bis die ganzen moralischen und auch politischen Konsequenzen dieser Überzeugungen voll ins Bewusstsein traten.

Ähnliche (wenn nicht sogar in manchen Fällen identische) Gedanken finden sich auch außerhalb des Kontexts der gerade genannten »abrahamischen« Traditionen. Die hinduistische Vorstellung vom ewigen Selbst, das in den Upanishaden mit dem göttlichen Grund der gesamten Wirklichkeit identisch zu sein scheint, impliziert gewiss auch die Würde jedes Menschen weit über die Hierarchien jeglicher partikulären Inkarnation hinaus. An dieses Bild vom Selbst wenden sich Hindus implizit, wenn sie einander mit einer Verneigung und gefalteten Händen begrüßen. Eine ähnliche Implikation hat die buddhistische Weisung, mit allen »empfindenden Lebewesen« Mitleid zu haben (obwohl der klassische Buddhismus lehrt, es gebe kein reales Selbst). Ähnlich schreibt auch das konfuzianische Denken zumindest Individuen, die sich erfolgreich selbst kultiviert haben, eine eigene Individualität zu. Und das traditionelle afrikanische Denken gründet auf dem Wert *ubuntu*, das heißt auf der Anweisung, alle Menschen mit Güte zu behandeln. So wäre es ein ethnozentrischer Fehler, wenn man behaupten wollte, man finde nur in der westlichen Zivilisation die Ideen der Freiheit und der Grundrechte jedes Menschen (mit der klassischen amerikanischen Formulierung: »ohne Ansehen von Rasse, Farbe oder Religion« – wozu in jüngster Zeit noch hinzugefügt wurde: »oder Geschlecht oder sexueller Orientierung«). Dennoch kann man eine einfache empirische Aussage machen: *Nur in der westlichen Zivilisation wurde die Wahrnehmung, was Menschsein bedeutet, in Politik und Gesetzgebung institutionalisiert.*

Wir vertreten hier nicht die klassische Vorstellung der Aufklärung vom Fortschritt. In der Geschichte lässt sich empirisch kein *insgesamter* Fortschritt aufzeigen. Sicher, moralische Einsichten entwickeln sich im Lauf der Zeit – aber sie können auch wieder verlorengehen. Es gibt zwar keinen allumfassenden Fortschritt, aber es gibt bestimmte *Fortschritte*. Wir möchten nachdrücklich behaupten, dass die Institutionalisierung der Freiheit und Würde jedes Einzelnen ein solcher Fortschritt ist. Wenn die Soziologie uns etwas zu lehren hat, dann das, was Anton Zijderveld andernorts den »institutionellen Imperativ« genannt hat. Das heißt, Glaubensüberzeugungen, Ideen und Werte können an verschiedenen Orten und zu verschiedenen Zeiten aufkommen, aber das bleiben nur vorübergehende Phänomene, wenn sie nicht in Institutionen feste Gestalt annehmen. Nur dann können sie im Bewusstsein verinnerlicht und folglich von einer Generation an die nächste weitergegeben werden.

An dieser Stelle müssen wir auf einer Aussage bestehen, die heute in »progressiven« Kreisen als entschieden heterodox gilt: Was die Institutionalisierung der Freiheit angeht, nimmt Europa einen einmaligen Platz ein. Von dort aus haben sich diese Institutionen auf andere Teile der Welt ausgebreitet, und jetzt bekennt man sich fast überall mit Worten zu ihnen (einschließlich der Länder, in denen in Wirklichkeit noch ganz andere Institutionen vorherrschen). Wenn wir das ausdrücklich festhalten, müssen wir zwei weitere Punkte betonen:

1. Wenn man Europa diesen Vorrang zuerkennt, heißt das noch lange nicht, dass Europa mit seiner tatsächlichen Geschichte ein großes moralisches Vorbild war. Das war es natürlich nicht. Jeder, der dem widersprechen sollte, kann mit einem einzigen Wort zum Verstummen gebracht werden: Auschwitz. Keine Zivilisation, die derart unsäglich Entsetzliches hervorgebracht hat, kann den Anspruch auf moralische Überlegenheit erheben. Aber diese demütigende Einsicht ändert nichts an der Tatsache, dass es Europa war, wo die Ideen der Freiheit und Menschenwürde erstmals in Institutionen umgesetzt wurden, selbst wenn gegen den Geist dieser Institutionen häufig – und oft auf schreckliche Weise – verstoßen wurde.

2. Wenn man anerkennt, dass ähnliche Ideen sich auch in nichteuropäischen Kulturen finden, bejaht man die Tatsache, dass die anderen Kulturen es nicht geschafft haben, Institutionen hervorzubringen, die diese Ideen in die empirische Alltagsrealität umsetzen, und zwar nicht nur für eine Elite (wie immer man diese definiert), sondern im Prinzip *für jeden Menschen*. Der Islam enthält zweifellos die Vorstellung von der Gleichheit aller Menschen vor Gott, und diese Überzeugung hat tatsächlich vielerorts traditionelle Hierarchien in den Schatten gestellt; aber dennoch hat der Islam fast überall neben Institutionen existiert, die diese Gleichheit leugnen. Zwar kann man von den sublimsten Versionen des Hinduismus und Buddhismus sagen, dass sie allen Menschen ihre Würde zuerkennen, aber diese Würde ist in der Praxis nur denjenigen eingeräumt worden, die mit Erfolg irgendeinen Weg zur spirituellen Vollkommenheit beschritten hatten. Und genau wie im Islam haben auch im Hinduismus und Buddhismus diese sublimen Ideen neben Institutionen existiert, die fortwährend diese Ideen leugnen. Hier sollte die Erwähnung des indischen Kastenwesens genügen. Der Konfuzianismus hat in der Tat einen erhabenen Begriff vom Einzelnen – aber nur vom Einzelnen, der sich mit Erfolg selbst kultiviert hat (bedauerlicherweise hat der klassische Konfuzianismus nicht vorgesehen, dass Frauen dieser sublimen Kultivierung fähig wären).

Dennoch hilft die Tatsache, dass Ideen der Freiheit und Würde des Einzelnen in nichteuropäischen Kulturen vorhanden sind, dabei, zu erklären, warum die europäischen Institutionen, die diese Ideen verwirklichen, fast überall, wohin sie vorstießen, so raschen Zuspruch fanden.

166

Können die Freiheit und die Würde des Menschen institutionalisiert werden?

Die Institutionen, die der Würde und Freiheit des Menschen konkret zur Gestalt verhelfen, lassen sich im Rahmen eines »demokratischen Dreiecks« beschreiben. Die drei Festpunkte dieses Dreiecks sind der Staat, die Marktwirtschaft und die Zivilgesellschaft. Wie das wünschenswerte Gleichgewicht zwischen diesen drei institutionellen Komplexen genau aussieht, bleibt weiter der Gegenstand praktischer und ideologischer Meinungsverschiedenheiten. Bei diesen Meinungsverschiedenheiten geht es ja um die Grenzen zwischen einer »rechten« und einer »linken« Politik.

Sehen wir uns die drei Punkte der Reihe nach genauer an. Im Zentrum der Definition von Demokratie steht natürlich der Staat. Aber wir müssen hervorheben, dass das, worum es hier geht, die *liberale* Demokratie ist, das heißt ein politisches System, in dem die Merkmale der Demokratie (zwangsfreie Wahlen, Regierungswechsel infolge von Wahlergebnissen, das Recht der Bürger, sich zum Wahlkampf zu Wählervereinigungen zusammenzuschließen) mit festen Garantien für die Rechte und Freiheiten des Einzelnen kombiniert sind. Man tut gut daran, ins Bewusstsein zu rufen (wie das der Journalist Fareed Zakaria unlängst gegenüber seiner Leserschaft in den USA tat), dass es auch *illiberale* Demokratien gibt: Regierungen, in denen die Merkmale der Freiheit vorhanden sind, jedoch ohne die gerade genannten Garantien. In vielen Ländern befürworten populäre Mehrheiten die Anwendung barbarischer Praktiken. Wenn die Demokratie eines solchen Landes nicht mehr bietet als Methoden, mittels derer die Mehrheit an die politische Macht kommt, werden dann die dort mehrheitlich akzeptierten Barbareien auf demokratisch makellose Weise praktiziert. Ein gutes Beispiel für eine demokratisch abgesegnete Barbarei ist die Todesstrafe, die in einer Reihe von demokratischen Staaten (darunter die USA) immer noch praktiziert wird – und das, obwohl die Todesstrafe und auch viele andere Barbareien in etlichen Ländern von *nicht*demokratischen Regierungen abgeschafft wurden, eine Zeit lang sogar vom zaristischen Russland. Das heißt also, es kann einen liberalen Despotismus geben. Eine derartige Liberalität hängt jedoch von einer politischen Elite mit liberalen Ansichten ab, einem Typ von Elite, der zumindest unter heutigen Umständen selten zur Verfügung steht.

Ganz abgesehen von irgendwelcher demokratischen Philosophie gibt es einen sehr starken Zusammenhang zwischen Demokratie und dem Schutz elementarer Anstandsformen in einer Gesellschaft. Diese allgemeine Aussage lässt sich in elegante Begriffe der politischen Theorie ausmünzen: Macht korrumpiert, weshalb problematische Gestalten gern in leitende Regierungsämter geraten. Die Demokratie ändert das nicht, aber sie gewährleistet, dass diese Typen periodisch abgewählt werden können und dass es Grenzen für das gibt, was sie anrichten können, während sie an der Macht sind. Das ist nicht gerade eine begeisternde Empfehlung für die Demokratie, aber es reicht doch dafür, um sich nüchtern für die Demokratie zu entscheiden.

Die Vorliebe für die Demokratie hat direkt mit dem Thema des Zweifels zu tun, also dem Kern unserer Darlegung. Wesentlich für eine parlamentarische Demokratie ist die Rolle der Opposition. Das Wesen dieser Rolle besteht ganz einfach darin, dass sie die Legislative und die politischen Initiativen der Regierung zweifelnd hinterfragt. Aus diesem Grund muss ein demokratisches System die Legitimität und die Rechte der Opposition sorgfältig wahren. Das kommt in einer im britischen Parlament gängigen Redewendung zum Ausdruck: »Ihrer Majestät loyale Opposition«. Ist diese wichtige Rolle der Opposition nicht gewährleistet, so kann es leicht sein, dass sie auf den Status einer Kopfnicker-Fraktion absinkt.

Diese Überlegungen sollten davon abschrecken, sich dem Demokratismus als einer Ideologie zu verschreiben, die um jeden Preis überall in der Welt demokratische Regimes einrichten möchte, selbst in Ländern, wo nur eine geringe Wahrscheinlichkeit besteht, dass die Bürgerschaft zu einer liberalen Politik fähig ist. Jüngste Abenteuer der amerikanischen Außenpolitik führen auf entmutigende Weise vor Augen, was dabei herauskommen kann. So ist die Demokratie *an sich* keine plausible Kandidatin, der man sich leidenschaftlich verschreibt. Anders ist das mit den liberalen Werten, die sie im Idealfall fördern sollte: die Werte der Freiheit, der Menschenwürde und der Menschenrechte. Selbst wenn man die Politik der Mäßigung betreibt – die wir als die Politik definiert haben, die Zweifel zulassen kann –, kann man sich diesen Werten leidenschaftlich, ja rückhaltlos verschreiben. Wie bereits weiter oben bemerkt, tritt dieses Engagement ganz besonders dann zutage, wenn die Freiheit und ihre moralischen Komponenten bedroht sind.

Jetzt zum zweiten Punkt im »demokratischen Dreieck«. So wie die Demokratie den frei politisch Handelnden – den Bürger – voraussetzt, so setzt die Marktwirtschaft den frei wirtschaftlich Handelnden voraus. Das Schlüsselwort in beiden Fällen, »frei«, zeigt an, dass beide Systeme auf dem Begriff der Rechte des Einzelnen beruhen. Das Verhältnis der ersten beiden Punkte des demokratischen Dreiecks zueinander war lange Zeit Gegenstand intensiver Diskussionen. Im heutigen Sprachgebrauch (die beiden Begriffe hatten in früheren Zeiten andere Bedeutungsinhalte) neigt in diesem Dreieck die »Linke« zum Staat und die »Rechte« zum Markt. Beide Tendenzen können ins Extrem getrieben werden, sodass das Dreieck sein Gleichgewicht verliert: die »Linke« rutscht in einen repressiven Etatismus ab, die »Rechte« in die Anarchie eines ungeregelten Wettbewerbs. Die *vernünftigen* Versionen von »links« und »rechts« vermeiden diese Extreme.

Es gibt eine Ideologie der »Rechten« (wiederum nach heutigen, insbesondere amerikanischen Begriffen), die die Demokratie und die Marktwirtschaft als die zwei Seiten ein und derselben Medaille betrachtet, das heißt als inhaltsgleiche und wechselseitig voneinander abhängende soziale Arrangements. Das ist erfahrungsgemäß nicht ganz richtig. Es kann Demokratien geben, die den Markt wirksam zerstören (einen sozusagen »demokratischen Sozialismus«). Es kann aber auch Marktwirtschaften geben, die von nichtdemokratischen Regimes gelenkt werden. So ist hier eine nuanciertere Sichtweise angesagt: Die Marktwirtschaft ist eine notwendige, aber nicht ausreichende Bedingung für Demokratie. Mehr noch: Ist die Marktwirtschaft erst einmal eingeführt, so hat sie im Lauf der Zeit eine demokratisierende Wirkung; allerdings kann diese Wirkung sowohl aufgehalten als auch umgekehrt werden. Uns scheint, Vertreter einer Politik der Mäßigung sollten dies so nuanciert sehen. (Hier ist offensichtlich nicht der Ort, um diese Ansicht weiter im Detail zu entwickeln.)

Der dritte Punkt im demokratischen Dreieck ist schließlich die Zivilgesellschaft, das heißt die Vielzahl der Institutionen, die zwischen dem Leben der Einzelnen und den Megastrukturen einer modernen Gesellschaft vermitteln, einschließlich des Staats und der Wirtschaft. Ein sehr wichtiges Beispiel für solch vermittelnde Strukturen sind die religiösen Institutionen. Aus diesem Grund kann man plausibel vertreten, dass die Religionsfreiheit ein Grundrecht ist, und zwar nicht nur um der Religion, sondern auch um der Gesundheit einer demokratischen Ordnung willen. Die Institutionen der Zivilgesellschaft setzen der Macht sowohl des Staats als auch des Marktes Grenzen, und letztlich sind sie für den Fortbestand beider wichtig. Umgekehrt ist der Bestand der Zivilgesellschaft am besten unter den Bedingungen eines demokratischen Staats und einer Marktwirtschaft gewährleistet. (Auch dieses Thema können wir hier nicht weiter ausführen.)

Grob gesprochen hängen die drei Punkte des demokratischen Dreiecks – die vorhin genannten institutionellen Aggregate des Staats, der Marktwirtschaft und der Zivilgesellschaft – mit drei modernen Ideologien zusammen: dem Liberalismus, dem Sozialismus (in seiner demokratischen Version) und dem Konservatismus (ebenfalls in seiner nichtautoritären Version). Wir möchten behaupten, dass eine Politik der Mäßigung mit jeder dieser drei Ideologien möglich ist. Gemäßigte Liberale und gemäßigte Sozialisten (Sozialdemokraten, wenn man so will) wissen um die Grenzen sowohl des Staats als auch des Marktes und weigern sich, den einen wie auch den anderen zu verabsolutieren. Konservative neigen dazu, die Zivilgesellschaft zu glorifizieren (Edmund Burke sprach von *little platoons*, »kleinen Aufgeboten« wie Familie, Kirche, Schule und Nachbarschaft, die traditionelle Werte pflegen), aber gemäßigte Konservative verstehen es so, dass unter den heutigen Bedingungen die Zivilgesellschaft am besten in einem demokratischen Staat und einer Marktwirtschaft gedeiht. Umgekehrt kann jede dieser drei Ideologien radikalisiert werden: der Liberalismus in Richtung eines absolutistischen Marktverständnisses (ein Merkmal des sogenannten Libertarismus), der Sozialismus in Richtung einer totalitären Kontrolle aller Institutionen der Gesellschaft und der Konservatismus in Richtung eines reaktionären (und vergeblichen) Projekts der Rückkehr zu dieser oder jener Version einer traditionellen Gesellschaft. Damit die von uns hier vorgeschlagene Politik der Mäßigung gelingt, müssen die Menschen den radikalisierenden Trends innerhalb jeder der drei hier genannten demokratischen Ideologien Widerstand leisten.

Wie funktioniert eine Ethik der Mäßigung?

Was wir hier zu zeigen versucht haben, ist, dass es eine »mittlere Position« zwischen Relativismus und Fundamentalismus gibt, und das nicht nur in der Religion und Moral, sondern auch in der Politik. Und trotz vieler Zweifel bei ihren Anhän-

171

gern lässt sich diese Position mit leidenschaftlichem Engagement vertreten. Wie wir gesehen haben, neigen alle radikalen Ideologien dazu, Fundamentalisten zu produzieren: »fraglos Gläubige«, die eine für selbstverständlich gehaltene Vorherrschaft ihrer Weltsicht einrichten wollen, vorzugsweise in der Gesellschaft als Ganzer, oder zumindest innerhalb eines unter ihrer Kontrolle stehenden Bereichs der Gesellschaft. Genauso gibt es politische Relativisten, die die Politik von allen und sämtlichen moralischen Wahrheiten abtrennen wollen, weil solche Wahrheiten nicht verfügbar oder nicht einmal wünschenswert seien. Ein Beispiel für diese sind die radikalen »Multikulturalisten«, die behaupten, alle Kulturen seien moralisch gleichrangig, und die daher (bei sich oder auswärts) jegliche Barbarei zu tolerieren bereit sind, weil sie angeblich Bestandteil dieser oder jener Kultur sei.

Die Politik der Mäßigung braucht ihre eigene Ethik. Es sei noch einmal kurz an Max Webers zwei Typen der Ethik erinnert: die Gesinnungsethik und die Verantwortungsethik. Fundamentalisten neigen immer stark zur Ersteren: Zweifel ist ausgeschlossen, weil im Rahmen der für selbstverständlich gehaltenen Weltsicht bereits alle grundsätzlichen Fragen beantwortet sind. Politisch Gemäßigte dagegen neigen stärker zu einer Verantwortungsethik. Ihnen ist klar, dass es im Bereich der Politik nur wenige Gewissheiten gibt, ausgenommen diejenigen, die man auf einem Fuß stehend formulieren kann. Daher gibt es keine absolut richtigen Handlungsanleitungen, was heißt, dass man, sofern man kann, sorgfältig und pragmatisch die möglichen Konsequenzen einer Handlung einschätzen muss. Nachdem er diese Einschätzung vorgenommen hat, kann der politisch Gemäßigte zur notwendigen Tat schreiten und »für deren Dauer« alles weitere Zweifeln und Zögern ausschalten. Auch die Relativisten verfügen über ihre Art der Ethik. Das ist die Ethik des »alles geht«, wie sie glänzend vom sogenannten Postmodernismus vor Augen geführt wurde. Sie läuft schließlich auf eine Ethik des Nihilismus hinaus. Paradoxerweise wird auch in diesem Extrem der Zweifel unterdrückt, nämlich der Zweifel, ob es nicht doch einige verbindliche Wahrheiten geben könnte. Es stellt sich heraus, dass sogar die postmodernistischen Theoretiker recht fanatisch sein können. Dieser Fanatismus zeigt sich natürlich dann, wenn irgendjemand es wagt, die Theorien der Postmodernisten zu bezweifeln.

Um die Eigenart unserer hier vorgestellten Grundhaltung, die auf einer Ethik der Mäßigung beruht, noch deutlicher zu konkretisieren, wollen wir noch einmal kurz auf zwei Themen zurückkommen, die öffentlich immer wieder stark im Gespräch sind, das eine in Amerika, das andere in Europa: das Thema Todesstrafe und das Thema Integration von Einwanderern.

Die Europäer stoßen sich sehr (und wir denken, mit Recht) daran, dass in Amerika die Todesstrafe hartnäckig beibehalten wird. Es gibt eine Reihe von Gründen dafür, dass es sie immer noch gibt: das kulturelle Erbe der Grenze, den gegenüber Europa viel stärkeren Einfluss der Religion (dieser Faktor ergibt sich bedauerlicherweise daraus, dass Menschen, die an ein Weiterleben nach dem Tod glauben, stärker dazu neigen, die von Luther empfohlene, sogenannte »christliche Nächstenliebe« auf die Weise zu praktizieren, dass man manchen Nächsten hilft, schneller von dieser in die nächste Welt zu gelangen) und den demokratischeren Charakter der USA (dieser Faktor wirkt sich hier so aus, weil die westliche säkulare Elite dazu neigt, gegen die Todesstrafe zu sein – und diese Elite ist in Europa stärker).

Sei es wie es will, jedenfalls sinkt die Zahl der Amerikaner, die die Todesstrafe befürworten, stetig, von einer noch vor kurzer Zeit starken Mehrheit bis auf derzeit knapp unter die Hälfte. In jüngster Zeit hat dieses Thema jedoch dank zweier Entwicklungen stärker die öffentliche Aufmerksamkeit gewonnen: Die erste war, dass man mithilfe von DNS-Analysen darauf gekommen ist, dass eine ganze Reihe von Individuen für Verbrechen zum Tod verurteilt worden war, die sie gar nicht begangen hatten. Diese Individuen wurden in der Folge aus ihrer Haft als Todeskandidaten entlassen. Zwar liegt kein zwingender Beweis für die Hinrichtung eines Unschuldigen vor, aber die Fälle von Entlassungen aus der Todeszelle aufgrund von DNS-Analysen machen es wahrscheinlich, dass es tatsächlich irrtümliche Hinrichtungen *gab*. Die andere Entwicklung ist, dass die vorherrschende Hinrichtungsmethode in Frage gestellt wird: die Tötung mittels einer tödlichen Spritze. Die Befürworter der tödlichen Spritze behaupten zwar, die Methode sei humaner als andere Methoden wie etwa das Hängen oder der Elektroschock, aber in Anfechtungen von Rechtsanwälten der Häftlinge in Todeszellen wurden starke Beweise unterbreitet, die dieser offiziellen Ansicht widersprechen. Die Hinrichtung mittels einer tödlichen Spritze ist entgegen der offiziellen Ansicht tatsächlich sehr schmerzhaft. Wenn das aber der Fall ist, so lautet das juristische Argument, sei die tödliche Spritze ein Verstoß gegen das Verbot »grausamer und ungewöhnlicher Bestrafung« durch die Verfassung. Der Oberste Gerichtshof der USA war willens, eine solche Anfechtung im Fall eines Klägers aus Kentucky gelten zu lassen. So kam es in den USA *de facto* zu einem siebenmonatigen Moratorium der Hinrichtungen.

Wir haben vorhin mit Nachdruck herausgestellt, dass die Todesstrafe abzulehnen ist, weil sie an und für sich ein grober Verstoß gegen die Menschenwürde ist. Offensichtlich ist es weniger barbarisch, wenn man Hinrichtungen mittels einer tödlichen Spritze ausführt als durch eine lang andauernde Folter oder das Verbrennen eines Menschen bei lebendigem Leib. Dennoch *gibt es keine humane Weise, ein Todesurteil zu vollstrecken.* Und dennoch wird das Oberste Bundesgericht, falls es zugunsten des Klägers entscheidet, dies in sehr engen Grenzen tun. Es könnte zum Beispiel entscheiden, dass *diese partikuläre Hinrichtungsmethode* (der sogenannte »Drogencocktail«) von der Verfassung her inakzeptabel sei. Es ist höchst unwahrscheinlich, dass sich das Gericht gegen die Todesstrafe als solche aussprechen wird. Folglich wird dem kein Riegel vorgeschoben werden, dass man in Staaten, die bei der Todesstrafe bleiben (das ist immer noch die Mehrheit), eine andere Kombination von Drogen suchen und finden wird, die dann als weniger schmerzvoll ausgegeben und folglich nicht gegen das Verfassungsverbot verstoßen wird.

Wie soll man diese Entwicklungen einschätzen? Wenn man der Überzeugung ist, dass die Todesstrafe inakzeptabel ist, wie wir das tun, sind diese Entwicklungen im Prinzip falsch. Wir würden dieses Prinzip unbedenklich in die Kategorie der absoluten Behauptungen stecken, die für eine Gesinnungsethik typisch sind. Natürlich ist es noch schlimmer, wenn ein unschuldiger Mensch hingerichtet wird. Natürlich ist es noch schlimmer, wenn mit der Hinrichtung die Zufügung großer Schmerzen verbunden ist. Aber die Todesstrafe ist selbst dann inakzeptabel, wenn sie auf einen Menschen angewandt wird, der des betreffenden Verbrechens schuldig ist. Und sie ist auch dann inakzeptabel, wenn sie mittels einer angeblich schmerzfreien Methode durchgeführt wird. Die Todesstrafe ist als solche, in sich, eindeutig ein Verstoß gegen die Menschenwürde, und sie wäre es selbst dann, wenn nie ein unschuldiger Mensch hingerichtet würde, und selbst dann, wenn man eine völlig schmerzfreie Hinrichtungsform finden würde. Von der Gesinnungsethik her würde man folglich sagen, die jüngsten Entwicklungen seien prinzipiell abzulehnen, und man müsse feierlich erklären, die Todesstrafe stehe im Gegensatz zu den Grundwerten der amerikanischen Demokratie. Die Strategie der Gegner der Todesstrafe bestünde folglich darin, auf ihrer sofortigen und völligen Abschaffung zu bestehen, sowohl durch die Gesetzgebung als auch durch die Rechtsprechung – ohne Rücksicht darauf, dass eine solche Strategie angesichts des derzeitigen Meinungsklimas bei Gesetzgebern und Richtern in den USA so gut wie sicher ihr Ziel nicht erreichen würde.

Hier würde man von der Verantwortungsethik her eine weniger absolutistische Strategie vorschlagen, selbst wenn eine solche Strategie moralisch ziemlich problematisch ist. Man würde sich das unmittelbare Ziel vornehmen, die Zahl der Hinrichtungen so weit wie irgend möglich zu reduzieren. Ein Moratorium wäre besser als nichts. Und während die Strafrechtsbehörden ihre vergebliche Suche nach einer schmerzfreien Hinrichtungsmethode fortsetzen, könnte sich womöglich in der öffentlichen Meinung allmählich die Einsicht durchsetzen, dass es tatsächlich *keine* humane Form der Hinrichtung von Menschen gibt, mögen diese unschuldig oder schuldig sein. Wer weiß – vielleicht würde diese Einsicht sogar in die Köpfe der neun Mitglieder des Obersten Gerichtshofs einsickern, von denen man annimmt, sie verkörperten in Amerika den Ausbund juristischer Weisheit.

Wenden wir uns jetzt noch einem anderen Thema zu. Wie bereits früher erwähnt, wird in jedem Land der Europäischen Union über das drängende Problem der Integration von Einwanderern diskutiert, insbesondere solcher aus Ländern mit einem ziemlich anderen Erfahrungshorizont als dem europäischen. In den letzten Jahren gab es eine starke Wegbewegung von der Ideologie des »Multikulturalismus«, die während der letzten Jahrzehnte des 20. Jahrhunderts gebräuchlich war. Die Multikulturalisten meinten, die Einwanderer hätten voll und ganz das Recht, ihre Herkunftskultur beizubehalten. Abgesehen davon, dass sie nichts Illegales tun dürften, sollte man von ihnen nicht erwarten, dass sie sich in die Kultur ihres Gastlandes integrierten – selbst dann nicht, wenn sie Bürger des Landes würden. Es überrascht nicht, dass diese Wegbewegung vom »Multikulturalismus« recht hässliche Formen annehmen kann: Rassismus, Fremdenfeindlichkeit und sogar Gewalttätigkeit gegen Ausländer. Wenn die Meinungsführer den Multikulturalismus vertreten, bringt das jeden in Schwierigkeiten, der von dieser Ansicht abweicht. Andersdenkende werden dann als Rassisten, Ethnozentriker und dergleichen bezeichnet.

Auf dem Gebiet der Einwandererkultur gibt es genau wie anderswo eine plausible gemäßigte Position zwischen der extremen Einstellung, alles zu tolerieren, und derjenigen, nichts zu tolerieren. Es sollte klar sein, dass in einer Demokratie die Menschen das Recht haben, ihr Familienerbe zu bewahren: ihre Sprache, ihre Religion und ihre Sitten. Aber es sollte auch klar sein, dass eine Gesellschaft das Recht hat, ihre angestammte, historisch gewachsene Kultur beizubehalten und dass neu Hinzukommende, wenn sie Teil dieser Gesellschaft werden wollen, ein bestimmtes Maß an Loyalität gegenüber der vorhandenen Kultur an den Tag legen sollten. Offensichtlich liegt das eigentliche Problem in der Frage, wo man die Grenzlinie zwischen zulässigen und nicht zulässigen Unterschieden ziehen soll.

In den letzten Jahren, und insbesondere seit dem gewalttätigen Eindringen des radikalen Islams in den Westen, hat sich die kulturelle Problematik hauptsächlich auf die muslimischen Einwanderer konzentriert. Es gibt weiterhin Europäer, die darauf bestehen, man sollte Einwanderer darin bestärken, sich überhaupt nicht an die Kultur ihres Gastlandes anzupassen, und es bei der Minimalforderung belassen, dass sie sich an die Gesetze des Landes halten. Andere bestehen auf der totalen Inkulturation der Einwanderer. Auch hier gibt es wieder eine »mittlere Position«. Wie bereits bemerkt, stellen wir uns dafür eine Art Vorsortierung vor: Da gibt es Elemente der Herkunftskultur, die eindeutig inakzeptabel sind (zum Beispiel »Ehrenmorde« an Frauen), solche, die eindeutig akzeptabel sind (wie etwa, dass man die religiösen Pflichten muslimischer Angestellter respektieren sollte), und Elemente in einer Grauzone dazwischen.

Das eigentliche Problem ist natürlich die Grauzone. Sollten die Autoritäten einschreiten, wenn in Moscheen zwar nicht direkt die Gewaltanwendung gegen Ungläubige gepredigt, aber immerhin gelehrt wird, alle Ungläubigen seien Feinde der »wahren Religion«? (Zugegeben, die Grenzlinie zwischen Worten und Taten ist hier dünn.) Oder wenn Muslime das Recht dazu haben, sich öffentlich ihre Gottesdiensträume zu bauen und einzurichten – gibt es da legitime Gründe für einen Einspruch, wenn direkt gegenüber einer christlichen Kathedrale, die jahrhundertelang den physischen Charakter einer bestimmten Stadt geprägt hat, der Bau einer Moschee geplant wird? Diese Liste ließe sich leicht verlängern, wie unsere Beispiele in früheren Kapiteln zeigen. Auf diese Fragen gibt es keine eindeutigen Antworten. Man sollte sie im Geist der Offenheit, des Pragmatismus und des Respekts sowohl vor den Einwanderern als auch vor den Mitgliedern der historisch angestammten Gruppe angehen.

Die tiefer liegende Frage ist hier, wie eine Gemeinschaft die Grenzen der Zugehörigkeit zu ihr definiert. Falls es gar keine Grenzen gibt, gibt es auch keine Gemeinschaft. Jedes »wir« impliziert auch ein »sie«, aber die moralische und politische Frage ist, wie man »sie« definiert, und sodann, ob man sie mit Respekt vor ihrer Menschenwürde behandelt.

Wenn wir von den Grenzen der Zugehörigkeit sprechen: Wer sind »wir«, und wer sind »sie«? Viele Menschen definieren diese Zweiteilung ohne weiteres Nachdenken in Begriffen internationaler Sportereignisse. So waren viele Briten entsetzt, als unlängst bei einem Cricket-Turnier zwischen Großbritannien und Pakistan die in Großbritannien geborenen pakistanischen Zuschauer mit dem pakistanischen Team jubelten. In einem ähnlichen Fall kam es in den USA zu großer Empörung, als Mexiko das Wahlrecht auf Menschen mexikanischer Nationalität nördlich der Grenze ausweitete, ohne Rücksicht darauf, ob diese sich legal oder illegal in den USA aufhielten. Noch schlimmer machte der mexikanische Präsident die Sache, als er in einer Rede erklärte, Mexiko höre nicht an seinen internationalen Grenzen auf.

Die Grenzen der Zugehörigkeit: Eine der ermutigendsten Begebenheiten im von den Nazis besetzten Europa war es, als in Dänemark im Zuge einer gut organisierten, konzertierten Aktion die gesamte jüdische Bevölkerung gerettet wurde. An dieser Aktion nahmen alle Bereiche der dänischen Gesellschaft vom König an abwärts teil, und so wurden mehrere Tausend Juden unter den Augen der Gestapo ins neutrale Schweden gebracht. Nach dem Krieg besuchte eine Delegation amerikanischer Juden den dänischen Premierminister. Der Delegationsführer erklärte: »Wir sind gekommen, um uns bei Ihnen für das zu bedanken, was Sie für unser Volk getan haben.« Darauf erwiderte der Premierminister: »Das taten wir nicht für *Ihr* Volk. Wir taten es für *unser* Volk.« Was er damit meinte, war natürlich, dass man diese Rettungsaktion nicht für »sie« getan hatte, also für Außenstehende, denn man hatte im Gegenteil die geretteten Juden nicht als »sie« betrachtet, sondern als »uns«, das heißt als Vollmitglieder der dänischen Nationalgemeinschaft. Ein Gegenbeispiel (zugegeben, ein viel weniger dramatisches) dafür, wie man Grenzen zieht, gibt es aus dem heutigen Deutschland: In bester Absicht haben liberale Gruppen in diesem Land Kampagnen gegen »Fremdenfeindlichkeit« gestartet, wobei dies auch den in Deutschland geborenen »Fremden« zugutekommen soll, die deutsche Staatsbürger sind. Die gleiche Zwiespältigkeit lässt sich etwa in Programmen finden, die den »Dialog zwischen Deutschen und Juden« fördern sollen, wobei (zweifellos unabsichtlich) unterstellt wird, beides seien gegensätzliche Identitäten.

* * *

Wenn die Argumentation dieses Buchs stichhaltig ist, dann kann man für die Werte der liberalen Demokratie, die zwar im Rahmen der partikulären historischen Entwicklungen relativ sind, dennoch zu Recht behaupten, dass sie den Anspruch auf universale Gültigkeit haben. Wir können nicht für uns selbst Freiheiten und Rechte beanspruchen, wenn wir diesen Anspruch zur bloßen Meinung oder Vorliebe verharmlosen – also zum Beispiel mit der gleichen Gelassenheit sagen: »Ich lehne die Folter ab, aber ich respektiere dein Recht, anderer Meinung zu sein«, wie wir sagen: »Mir gefällt Mozart besser, aber du kannst ruhig Beethoven lieber mögen.« Die Politik der Mäßigung hält sich zum Relativismus und Fundamentalismus auf gleichem Abstand, aber dennoch kann sie von echter Leidenschaft inspiriert sein, wenn es darum geht, die Grundwerte zu verteidigen, die sich aus der Wahrnehmung dessen ergeben, wie der Mensch beschaffen ist und wie wir das in diesem Buch zu beschreiben versucht haben. Unser Lob des Zweifels dämpft keineswegs diese Leidenschaft.